名师工程

教研提升系列

以研立教

教师如何写教育科研论文

主　编／张家军
副主编／杨艺伟

SWUP
西南大学出版社
国家一级出版社　全国百佳图书出版单位

图书在版编目(CIP)数据

教师如何写教育科研论文 / 张家军主编. -- 重庆 : 西南大学出版社, 2023.12
ISBN 978-7-5697-1955-0

Ⅰ. ①教… Ⅱ. ①张… Ⅲ. ①教育科学—科学研究—论文—写作 Ⅳ. ①H152.3

中国国家版本馆CIP数据核字(2023)第210985号

教师如何写教育科研论文
JIAOSHI RUHE XIE JIAOYU KEYAN LUNWEN

主　编　张家军
副主编　杨艺伟

责任编辑：刘　平
责任校对：陈　欣
装帧设计：闰江文化
排　　版：杜霖森
出版发行：西南大学出版社(原西南师范大学出版社)
重庆·北碚　　邮编:400715
印　　刷：重庆正文印务有限公司
幅面尺寸：170 mm×240 mm
印　　张：17.25
字　　数：220千字
版　　次：2023年12月第1版
印　　次：2025年4月第2次印刷
书　　号：ISBN 978-7-5697-1955-0

定　　价：58.00元

序

PREFACE

随着多媒体、网络信息等技术快速发展，人类进入了新媒体时代。在这个时代，信息传播呈现出以下特点：交互性与即时性、海量性与共享性、多媒体与超文本、个性化与社群化。随着新媒体时代的到来，教育格局发生了巨大的变化。其一，个体获取知识的渠道日益增多。在新媒体时代，由于大量的信息都可以实现共享，这就使得知识的获取变得更加方便快捷，教师也不再是传授知识的唯一渠道。其二，公众对教育的参与发生了极大的变化。在新媒体时代，信息传播具有非常强的交互性和即时性特点，教育话题迅速网络化、热点化，同时各种教育理论也在新媒体的作用下得以迅速传播、普及。不少学生家长通过网络，对教育学、心理学等方面知识的学习与掌握变得容易和快捷，成为行业外的专家，更容易对学校教育和教师工作发声。其三，新媒体的崛起，助推了民间教育力量的不断壮大。在网络信息技术的助推下，以教育为话题的自媒体越来越多，聚集起了形式多样的网络社群，并对教育提出自己的意见和看法，使得民间教育力量迅速扩大。这既有利于弥补现有教育的不足，也带来了挑战。此外，学校和教师要满足社会的人力需求和学生个体终生发展的要求，他们既要给学生传授相应知识，还要让学生成为人格完整、心智健全、有终生学习能力的人。换句话而言，教师不仅要会教书，而且更要会育人。正是在这样的形势下，通过研究不断创新教育教学，就成为时代赋予学校和教师的责任和使命。

为了使教师更好地适应时代的发展，近几年国家连续出台了相关文件，都涉及教师的专业发展问题，强调要培养富有创新精神的研究型教师。2018年1月，中共中央、国务院颁布的《关于全面深化新时代教师队伍建设改革的意见》提出：到2035年，教师综合素质、专业化水平和创新能力大幅提升，培养造就数以百万计的骨干教师、数以十万计的卓越教师、数以万计的教育家型教师。教师管理体制机制科学高效，实现教师队伍治理体系和治理能力现代化。教师主动适应信息化、人工智能等新技术变革，积极有效开展教育教学。2018年2月，教育部等五部门印发的《教师教育振兴行动计划(2018—2022年)》指出：注重协同育人，注重教学基本功训练和实践教学，注重课程内容不断更新，注重信息技术应用能力，教师教育新形态基本形成。师范生与在职教师的社会责任感、创新精神和实践能力不断增强。2019 年2月，中共中央、国务院印发的《中国教育现代化2035》提出要“建设高素质专业化创新型教师队伍”。

研究型教师是指在教育教学过程中，教师通过对教育教学中存在的问题或自己的疑惑进行研究，不断成为富有个性特色的实践性知识或教育教学思想的教师。中小学教师作为日常教育生活的在场者和参与者，无疑会存在着许多困惑和问题。亚里士多德曾言："人类由于惊奇而开始有了哲学的思索，起先是惊奇于一些明显可见的困惑，然后是对一些较大的事物也起了疑惑之心，例如对于月亮和太阳的变化，对于星辰以及宇宙的起源等。"始于惊奇和困惑的探索是研究的原初意义。对于教师存在的疑惑和问题，如果不加以研究并解决，那么"其为惑也，终不解矣"。而要对这些问题加以解决，无疑需要提高中小学教师的研究能力。通过提高中小学教师的研究能力，有助于其由"工匠型"教师走向"专家型"教师，由单纯的"传统型"教师走向"创新型"教师。

基于上述背景和思考，我们组织编写了这本书。本人拟定写作提纲，编写组分工撰写，本书是集体智慧的产物。各部分内容的撰写分工如下：序，张家军；第一章，张家军、杨艺伟；第二章，杨艺伟；第三章，周会莉；第四章，韦敏；第五章，邢瀚；第六章，吴安琪；第七章，马逸宁；第八章，张迪；第九章，黄晓彬；第十章，田亚珍。书稿完成后，由本人进行统稿，副主编杨艺伟博士协助我做了许多工作。出版社责任编辑也为本书的出版付出了辛勤的劳动，在此一并致谢！

由于作者能力、水平、时间和实践经验的限制，书中不足之处尚请方家批评指正！

张家军

2023年5月

目录

CONTENTS

上编　总论

第一章　概论

第二章　教育科研论文的构成

上编　总论

第一章 概论

●○教育科研论文写作是教师系统总结教育实践经验、反思教学中的问题，不断进行自我更新、自我提升的持续性过程。它在推动教育改革与发展、提高教育教学质量、提高教师自身素质等方面发挥着巨大作用。科学性与逻辑性、理论性与实践性、针对性与创造性、学术性与规范性是教育科研论文的四大显著特点。按照其自身的属性特点进行划分，教育科研论文可分为学术型论文、经验型论文、调查型论文、课题型论文、评论型论文五种类型。此外，教育科研论文的写作还需要理论基础、教研基础和语言基础的支撑。

第一节 教育科研论文的含义与写作意义

一、教育科研论文的含义

对于广大一线教师来说，教育科研论文既熟悉又陌生。之所以熟悉，是因为广大一线教师基本上对教育科研论文这个概念耳熟能详，甚至经常运用教育科研论文的写作范式来开展教育过程中的教学实践与经验总结。说其陌生，是因为广大一线教师未经过系统完备的教育科研论文写作的训练，对其概念、类型及操作流程知之甚少。因此，厘清教育科研论文写作的含义是广大一线教师进行教育科研论文写作的行动起点。有学者认为："教育科研论文是关于教育科学研究和教学研究内容表述的一种论证文章形式，它是以普通论文写作基础为基础，针对教育科研内容的特殊性而建立起的一门专业性写作理论。"[①]也有学者认为教育科研论文是："教育教学实践者或研究者选定教育科研课题后，围绕该项研究课题，有意识地去搜集文献资料和经验事实，然后进行科学的整理、加工、概括和论证，从而得出相应的结论，并以论文的形式表达出来。"[②]从整体上看教

① 李德兴，兰善清．教育科研论文写作[M]．北京：中国广播电视出版社，2003：3.

② 张洪生．教育科研论文写作导引[M]．济南：山东教育出版社，2004：1.

育科研论文是教育领域中一个常见的概念，它的概念属性一般具有广义和狭义之分。从广义的角度理解，教育科研论文是教师在教育工作中以教育科学理论为指导，以教育领域中发生的问题为对象，以探索教育规律为目的的创造性写作成果，它以著作、论文、报告等为主要的表达形式。狭义的教育科研论文仅指教师在教育工作中以教育问题为研究对象，以专业性语言为载体，以立论为主的篇幅形式的规范性文章。教育科研论文是教师对教育实践经验的总结和问题的反思，是教师教学智慧的结晶，是写作修养和教育教学修养相结合的产物。苏霍姆林斯基曾说过："如果你想让教师的劳动能够给教师带来一些乐趣，那你就应当引导每一位教师走上从事研究的这条幸福的道路上来。"[①]所以，教育科研论文的写作既是教师科学系统总结教育实践经验、反思教学问题的过程，也是教师不断进行自我更新、自我提升，迈向幸福的必由之路。

二、教育科研论文的写作意义

教育科研论文作为凝结教师教育经验和教学智慧的文字性著作，在一定程度上能够助推教育的改革与发展，推动教育教学质量全面提高，以及充分提升教师的自身素质。

（一）有利于推动教育改革与发展

教学实践与教育科研的关系犹如树根与树干的关系。教学实践是树根，为教育科研提供动力和源泉，并检验教育科研的正确与否。教育科研是树干，在吸收教学实践的基础上，总结教育、教学经验，反思教育、教学问题，以文字、图片等形式展示出来，让更多的人被枝繁叶茂的树干

---

① 瓦·阿·苏霍姆林斯基．给教师的建议（修订本全一册）[M]．杜殿坤，编译．北京：教育科学出版社，1984：494.

所吸引,驻足欣赏学习,凝聚更多的人参与到教育科研之中,进而促进教育这棵大树的全面成长。教育科研论文推动教育改革与发展主要表现在两个方面。一方面,教师通过教育科研论文系统介绍自己所主张的教育教学理论,吸引更多的教师参与其中,采纳其理论主张,进而推动这一研究领域的深入发展。邱学华的“尝试教学法”被广泛应用到小学的各个学科的教学之中,其试验分布在我国许多地区,据1996年不完全统计,运用尝试教学的教师人数超过45万人。[①]卢仲衡提出了自学辅导教学,主张学生在教师的辅导下进行自主性学习,以此充分实现教师主导、学生主体的辩证统一。同一时期的自学辅导教学试验班在全国超过5000个。[②]以上两个例子是一线教师利用教育科研论文来推广自己的教育教学理论,促进教育改革与发展的一个缩影。另一方面,教师通过教育科研论文反思自己在教育教学实际中所遇到的问题,吸引更多的教师、学生等参与其中,以推动此问题的解决。例如:关于“撤点并校”的相关问题。“撤点并校”可看作是一场“教育改革”,自20世纪90年代末便已经存在,2001年正式开始,是对全国农村中小学展开重新布局的改革。具体而言,它指大量撤销了农村原本就有的中小学校,目的是让学生都聚集到部分城镇学校。在“撤点并校”过程中,也存在一些问题,内蒙古兴和县教育局康久明、商都县小学教师郭树清、克什克腾旗小学教师袁文福分别就“撤点并校”首先发声,分别从自身实际出发指出撤点并校要因地制宜[③],要考虑学生的实际情况[④],要兼顾撤点教师的切身利益[⑤]。此后,该问题日益受到社会的关注,撤点并校存在增加农民的经济成本(住宿生

---

① 邱学华.尝试教学新论[M].沈阳:辽宁人民出版社,1998:10.

② 卢仲衡.自学辅导教学论[M].沈阳:辽宁人民出版社,1998:212.

③ 康久明.“撤点并校”要从实际出发[J].内蒙古教育,2001(5):36.

④ 郭树清.我和九个孩子怎么办?[J].内蒙古教育,2001(6):44-45.

⑤ 袁文福.在农村从事教学工作“难”[J].内蒙古教育,2002(4):9-10.

的平均年花费为1157.38元，成为农村家庭的额外开支）、学生的时间成本（撤校后学生上学距离平均变远4.05公里）和安全风险等问题。[①]鉴于此，2012年9月，国务院办公厅印发了《关于规范农村义务教育学校布局调整的意见》，有效遏制了一些地方盲目撤并学校的行为，并要求各地以县为单位制定农村义务教育学校布局专项规划，并报国家教育体制改革领导小组备案，在完成备案前，暂停农村义务教育学校撤并。撤点并校问题至此落下帷幕。一言以蔽之，无论是教师利用教育科研论文呈现和推广自身教学实践中所形成的教育智慧，还是自己反思在教育教学过程中遭遇的困难、问题等，最终都推动了教育的改革与发展。

（二）有利于全面提高教育教学质量

从某种程度上而言，教育教学实践研究成果通常的表现形式即为教育科研论文。它是教师反思课堂教学问题、总结自身经验的结晶，具有比较强的可操作性、实践性。教师在教育教学实践过程中，通过自身的反思、深入的研究，将实践升华为理论，并转化为科研论文表达出来，以此进一步指导教育教学实践。积极撰写教育科研论文能够帮助教师梳理教学主线，凝练教学思想，以此提高其创新课程教学的能力，使之进一步完善课堂教学，实现教学思想的推广。教育家李吉林的经历则有力地说明了教育科研论文写作可以充分提高教育教学质量。自1978年以来，李吉林便开始探索情境教学，从小学语文情境教学到情境教育、情境课程，她巧妙地将儿童的情感和认知活动结合起来，有效地提高了学生在学习活动中的积极性。同时，李吉林利用休息时间将个人思考进行认真汇总，并记录实践中的感悟和收获，共撰写了350多篇论文，出版了28本

① 刘善槐．我国农村地区学校撤并的问题与对策研究——基于东中西六地的调查分析[J]．湖南师范大学教育科学学报，2011，10(5)：52-55.

专著。她基于实践提出了系统且独特的教育主张，建构了具备民族特点和时代背景双重属性的理论思想和操作体系，为学生的高效学习开辟了宽广道路，从而成为我国实施素质教育的一面旗帜。可见，教育科研论文写作，一方面有利于教师反思、总结和改进自己的教学实践，使之在理论研究中不断改进，并利用科学理论研究指导实践教学，利用教学实践深化科学研究理论，进而在反复的精心雕琢下提炼新思想和新理论，切实为实践中真实的教学问题提供解决路径，从而有效地提升教学质量；另一方面，从事教育的工作者如果缺乏或者停滞研究，仅凭借自己个人积累的教学经验，就很容易成为教师队伍中的平凡者甚至是平庸者，容易被未来教育所淘汰，或者难以应对复杂的教学境况。先进的教学思想、成功的教学经验、源于实践的教学智慧通过教育科研论文传播到更多教师之间，从而促进教育教学质量的全面提升。

（三）有利于提高教师自身素质

教育事业的成功与否关键取决于教师自身的素质。教师素质是教师在职业生涯中表现出来的稳定的职业品质，它是建立在人先天禀赋的基础上，再通过师资培训、自我提高等方式所获得的专业特征和职业修养。教师素质是教师职业活动中不可或缺的，它直接在教师的教育教学活动中表现出来，并影响其教学效果，是对学生的全面发展具有重要影响的身心特点的总和。[①]一般而言，教师素质应包括职业道德、知识基础、教学能力、身心素质四个方面。教师素质的提升已成为新时代背景下教师培养的“聚焦点”和“增长点”，要实现教师素质的提升，教育科研论文写作能力的培养势在必行。教育科研能够有效促进教师的专业成长。教学技巧的熟练，指导能力的提升，要在教学中不断实践；教育智慧

---

① 靳玉乐，李森. 现代教育学[M]. 成都：四川教育出版社，2005：122.

的生成，经验理论的提炼，要在教育科研中积累、总结。无论是从教32年，立足一线教学实践，持之以恒地探索，孜孜不倦地写作出了40部专著、600多篇论文、约1200篇儿童小故事而影响世界的苏联教育家苏霍姆林斯基；还是改革开放杰出贡献人员，被誉为“精心育人的一代师表，潜心教改的一面旗帜”的基础教育改革的优秀教师代表于漪；以及出版学术专著13部、期刊论文100多篇的语文特级教师窦桂梅等，他们的事例都诠释出教师素质的提升需要教育科研论文的支撑，教育理论工作者应该深入到教育教学工作的第一现场，做深入细致的研究工作。教师除了要做好日常的教育工作之外，也时刻不应忘记肩负的理论研究的使命。真正的教育家是教育理论思想家与教育实践指导家的完美结合。教师开展教育科研论文写作的过程就是不断提升自身综合素质的过程，教师通过教育科研论文的写作来发现和解决教育教学中存在的问题，并在科学理论的指导下，不断扩充自身的理论水平与实践能力。可以说，教育科研论文写作就像教师专业成长过程中的“风火轮”“助力器”，它在一定程度上能够给教师带来强大的自信和勇气，持续地赋予教师新的力量和智慧，使教师在科研过程中促进自身素质的综合提升。

第二节 教育科研论文的特点

教育科研论文作为一种聚焦教育领域、发现教育问题、探索教育规律、总结教育经验的论文具有自己的特点，正是这些特点才使得教育科研论文有别于其他形式的论文。教育科研论文的特点集中体现在科学性与逻辑性、理论性与实践性、针对性与创造性、学术性与规范性四个方面。

一、科学性与逻辑性

科学性与逻辑性是教育科研论文的首要特点。所谓科学性是指教育科研论文的形成必须从实际出发，通过对客观现实进行科学的探索而得出可靠结论。这就要求教育科研论文既不是教师个人情感的随意抒发，也不是对教育问题进行断章取义的论述，而是在立足事实、尊重规律的基础上获得的坚实可靠、经得起实践检验的论文。教育科研论文的科学性主要体现在两个方面。一方面，教育科研论文的选题必须是一个真问题。教育科研论文的选题是教育科研论文写作的起点，是教育科研论文写作成功与否的关键，如果教育科研论文的选题违背科学规律和客观现实，那么教育科研论文的写作就无从谈起。另一方面，教育科研论文的论据材料要确凿可靠。教育科研论文的论据材料作为教育科研论文写作的有力支撑,它既不能是作者道听途说得来的,也不能是作者随心所欲杜撰的,它必须是客观真实存在的。这就要求教育科研论文所引用的文献必须精准,需要反复检验和校对,避免以讹传讹。逻辑性是指发展过程符合逻辑体系、具有逻辑特点、恪守逻辑规则。教育科研论文的逻辑性要求教育科研论文要表现出三个方面的特征。一是条理性。就条理性而言,如果教育科研论文的整体结构没有经过仔细推敲,只是多个问题的无序组合,这样的论文不具备层次感和清晰度,更无逻辑性可言。二是关联性。就关联性而言,教育科研论文的文章思路必须清晰明了,教育科研论文的表述要紧扣主题,层层推进,避免随意性跳跃表述。三是重点性。教育科研论文并不是对所有文章内容的简单罗列,而是要详略得当,突出文章的重点内容。下面节选的一段论文较好地体现了教育科研论文的科学性与逻辑性。

中小学教师教育写作的困境与出路(节选)①

教师的教育写作意味着教育生活的"带出""意义赋予"和对教育生活可能的"嵌入",教师教育写作的语言和复杂的教育生活之间的内在紧张与冲突,以及因此而导致教师作为写作主体的身份游移,使得教师的教育写作陷入困境之中。以教师的教育生活体验为写作对象,以描述性的语言直观呈现,在不断地重写中实现意义的持续建构,积极投身指向教育生活体验的反思性写作,是教师教育写作困境突破的可能之途。

从教育研究的角度来看,教育写作似乎只关乎研究成果的梳理与表达,而无法构成一个值得探索的研究问题。教育写作要表达的终究是教育经验,既如此,经验是什么,亦即"写什么"才是最重要的,至于"如何写",作为经验表达的外在形式,只能是一种点缀与修饰,或为写作技巧

① 叶波.中小学教师教育写作的困境与出路[J].中国教育学刊,2019(1):89-92.

所涵盖,或束之高阁、少有人问津。然而,于中小学教师而言,教育写作却成了实实在在且充满吊诡意味的“问题”,不可回避。中小学教师作为日常教育实践的重要主体,他们在教育实践及其改进中,积累了大量的教育经验,却在教育写作这一于教师群体而言本应游刃有余的活动中,陷入了空前的困境。中小学教师在写作中近乎群体性的“失语”,不得不令人深思。教育写作于中小学教师的教育生活而言,是否真的必要?如果必要,这种必要性何在?教育写作仅仅是用来表达和描述其教育生活、凝练教育经验的外在形式,或是其他?中小学教师在教育写作中遭遇的困境,究竟是技术层面的匮乏,还是有更为深层的原因?针对于此,本文中笔者意在对中小学教师教育写作的意义、困境及其出路展开思考。

…………

“中小学教师教育写作的困境与出路”是中小学教师在职业生涯中经常遇到的一个困惑,是一个真实存在的客观现象,更是一个真问题。该论文所主张的教师教育写作困境突破的可能之途有理有据,经得起实践的推敲,体现了教育科研论文写作的科学性特点。此外,论文围绕中小学教师教育写作“写什么”和“如何写”这个主线索展开,对中小学教师教育写作的意义、困境及其出路展开思考。该论文整体结构合理,各部分层层相扣,重点阐述了中小学教师教育写作的困境和出路,体现了较强的逻辑性。

二、理论性与实践性

理论性与实践性是教育科研论文的又一显著特征。教育科研论文的理论性是指教育科研论文具有系统论点的特性,这种理论性的存在使得教育科研论文有别于一般形式的教师个人随笔。理论性要求教育科研论文必须具备清晰的论点、有力的论据以及严谨的研究方法，这些因素的存在使得教育科研论文具有较为强烈的理论色彩。实践性具体包含两部分。第一，教育科研论文来源于实践。教育科研论文自身的属性规定其必须来源于教育实践，它既不是对哲学问题的终极思考，也不是对生活中光怪陆离问题的肆意发散，而是对教育实践中教师所遇到问题的仔细推敲。第二，教育科研论文写作是为了指导教育实践工作，并在教育实践的检验中不断修正、完善。可见，教育科研论文具备理论性与实践性并存的特性，这就要求教师在开展教育科研论文写作时，必须统一“理”与“实”，以“理”阐“实”，以“实”促“理”。下面节选的论文较好地体现了教育科研论文的理论性与实践性。

小数理解的现状及其教学改进（节选）[①]

小数是小学数学的重要内容之一，属于“数与代数”领域，是十进制计数系统的必要成分，它提供了表示量的新方法，并鼓励对数概念系统本身的属性进行新的认识。理解小数是理解“数概念”的重要构成。对小数的理解将有助于整数和分数意义的深化，形成数的子系统间的联结。与此同时，小数也是小学生生活中经常遇见和运用的数学知识，具有广泛的应用性。

已有研究发现，对小数的理解存在多方面的问题。一方面，对小数意义和符号本身存在误解，这在世界各地都有所记录。其中包括大小判断任务中的多种“迷思概念”、小数稠密性的误解、小数表征与意义的错误联结、小数乘法意义与结构的混乱等。

…………

此外，相较于分数理解研究的火热，研究者往往忽视小数理解的研

① 陆世奇，徐文彬．小数理解的现状及其教学改进[J]．课程·教材·教法，2019，39(4)：59-62.

究。这也许与小数意义在一定程度上依附于分数有关。但是，小数本身所具有的独特的“数概念”认知价值仍需要我们加以认识和理解。因此，建构关于“小数理解”的研究或教学框架以及基于此的研究就显得尤为重要，而在此基础上所开展的教学实践也将势在必行。

…………

为更好地明晰小数理解的现状与问题，也为更好地进行教学的理论构想，依据上述框架，以问卷形式对小学五年级的学生（共计728人）实施了调查。

…………

小数理解视域中的学习现状可以作为进一步教学的依据。在小数理解的框架下，意义维度为小数学习的内容结构的构建提供了依据，而表征维度的提出则强调对学生的理解活动过程的关注；理解水平上，依据“课标”，小数教学的重点应放在水平1和水平2上，并强调两个水平的衔接。因此，我们可从以下两方面来改进现有的小数理解的教学。

…………

上述论文《小数理解的现状及其教学改进》立足小数理解的教学现状，建构关于“小数理解”的研究或教学框架，并以问卷形式对小学五年级的学生（共计728人）实施了调查，以更好地明晰小数理解的现状与问题，最后回归教学实践，提出了小数理解的教学改进策略。该论文较好地体现了教育科研论文的理论性与实践性特点。

三、针对性与创造性

创造性和针对性是教育科研论文的灵魂，失去创造性和针对性的教育科研论文如同没有根茎的荒草，无处归依。针对性具体指教育科研论文的写作必须面对特定的教育教学情境和特定受众群体，用有限的文字精准表达出特定的主旨思想。从苏霍姆林斯基的《给教师的建议》、李镇西的《共享：师生关系的新境界》，再到李吉林的《谈情境教育的课堂操作要义》、窦桂梅的《小学语文主题教学实践研究》、于漪的《语文课堂教学有效性浅探》都有较强针对性的描述。创造性是教育科研论文的精髓所在，也是教育科研论文的闪光点。创造性要求教育科研论文要有新的观点和新的经验。这种新的观点要求教师的教育科研论文的写作不是对已有教育问题的人云亦云，而是立足现有的教育教学实践，通过总结已有的研究成果，融合自己的思考，提出新的观点或研究思路，进而推动教育教学实践的发展。教育教学活动不是一蹴而就的，而是一个螺旋式上升的过程，社会的深刻变革带来教育教学场域中教学环境、教学媒介、教学方式的深刻变革。教育教学场域中诸多要素的革新必定给教育教学活动带来新的机遇和挑战，同时教师也在这些变革中凝聚新的教学经验，这些新的教学经验经过教师的深入思考和规范性表述便构成教育科研论文的创造性。下面节选的一篇论文较好地体现了教育科研论文的针对性与创造性。

小学语文主题教学实践研究（节选）①

在语言文字的理解与运用中，引导儿童生成主题，促进儿童语言发展、思维提升、精神丰富，整体提升语文素养。以“一手好汉字、一副好口才、一篇好文章”的“三个一”质量标准为目标，整合资源，体现儿童立场，构建了“四位一体”的主题教学体系，创新了“主题·整合”的教学模式，建立了主题课程资源库。

从教近30年，从普通教师到特级教师，再到校长，我始终没有离开课

① 窦桂梅.小学语文主题教学实践研究[J].课程·教材·教法，2014，34(8)：44-50.

堂，紧跟时代脚步，开展研究与实践，发现了小学语文教学的问题，主要集中在以下三方面。

（一）工具性与人文性割裂，难以形成核心价值观

新课改前，部分教师注重知识传授，忽视人文精神培养；新课改后，部分教师以尊重学生的名义放弃对于核心价值观的引导，很难让学生拥有真切的情感体验。要么把语文课上成思品课，要么上成训练课，人文性与工具性的矛盾始终没有解决。

…………

小学语文主题教学研究在全国小语界产生持续的影响，被专家学者和同行誉为我国小学语文教学重要的流派之一。然而，主题教学源于实践、扎根一线，有许多待完善之处，需要日后深入探索……

从“三个超越”（为生命奠基），到“主题教学”（为聪慧与高尚的人生奠基），再到“课程整合”（立德树人）的发展历程，是我——一个语文教师从教近30年探索的历程，也是我今后提升的新起点。如果有人问，这些年你究竟要通过主题教学做什么？我想说：我是教语文的，我是教人学语文的，我是用语文教人的……

窦桂梅的《小学语文主题教学实践研究》以小学语文主题教学实践为研究中心，针对小学语文主题教学研究缘起、理论构想、过程与方法、阶段成果进行了系统性论述，既从文章主题和结构方面体现了针对性的特点，又结合自身从教近30年的经历，总结小学主题教学的研究过程，用鲜活的课例诠释作者对于教育的思考，把自己不断完善的教学经验以教育科研论文的形式呈现出来，供学习者与研究者参考。该论文较为深刻地体现出教育科研论文的针对性与创造性。

四、学术性与规范性

学术性与规范性是教育科研论文的又一显著性特点。教育科研论文的学术性是指教育科研论文是一种专门性、系统性的论文。梁启超说："学也者，观察事物而发明其真理也；术也者，取发明之真理而致用者也。""学者术主体，术者学之用。"①教育科研论文的学术性主要体现在两方面。第一，严肃的现实性。教育科研论文描述的是客观存在的现实问题，而不是虚无缥缈的神秘事件，因此教育科研论文语言必须坚持客观性的立场，摒弃华而不实的空话、无病呻吟的套话。第二，深刻的真理性。教育科研论文并不仅仅是教育教学问题及现象的平铺性描述，而是在立足教育教学问题和现象的基础上，解释其背后所蕴藏的深刻性真理。规范性是指教育科研论文的写作必须遵循一些程序性、规范性要求。第一，在起点上遵守学术研究的规范性要求，拒绝弄虚作假现象的存在。第二，教育科研论文的形式和内容要遵循论文写作的行文规范，做到语言准确、描述恰当，参考文献引用规范，杜绝文章内容自相矛盾的现象。下面节选的论文较好地体现了教育科研论文的学术性与规范性。

学业负担调查：问题表征与消解策略（节选）②

国家教育政策的导向所在是对教育舆论的主流规引。2018年教育部接连发布《教育部2018年工作要点》《关于做好2018年普通中小学招生入学工作的通知》《关于切实减轻中小学生课外负担开展校外培训机构专项治理行动的通知》，半月之内三份文件分别就课外教育、"择校热"、考试加分、校外培训等提出要求……为此，本研究以学业负担问题

① 李彬.文章的学术性与实用性[J].湖南师范大学社会科学学报，2000，29(5)：60-64.

② 罗生全，赵佳丽.学业负担调查：问题表征与消解策略[J].课程·教材·教法，2018，38(8)：62-67.

消解为目标，通过实证调查厘清中小学生学业负担整体特征及其在性别、学校类别、区位等方面的差异特征，在事实诊断的基础上对学业负担进行归因分析与策略探寻，力求为学生学习效能提升和学业负担消解提供价值参照。

一、学业负担的研究对象与工具

（一）研究对象

为兼顾整体与差异，本研究在全国七大经济区域抽取7个省、2个直辖市和1个计划单列市，通过分层随机抽样确定90所中小学学生为样本对象，共发放问卷15500份，回收有效问卷13809份，有效回收率92.06%，基本情况……

…………

二、学业负担问题表征的数据分析

中小学生学业负担的总体表现与内部差异共同形构现实图景，为学业负担理论与实践演绎提供证据支持。

（一）学业负担总体表征

研究从认知过程、情绪体验和行为反应三个维度，分别对不同阶段中小学生学业负担进行比较分析，以此揭示总体表征……

…………

三、学业负担问题消解的基本策略

（一）意识先行：加深学业负担认知理解

调查显示，中小学生学业负担存在显著的性别差异，并在总体表现水平上，行为反应层面的学业负担均值最高，主要源于所秉持的异化的教育观念。“真正的改革一定是观念与体制统一的变革”，2017年《关于深化教育体制机制改革的意见》出台，促进了现代教育观念的树立，这是以学业负担问题的理性认识为前提的……

（二）行动跟进：开挖不同学校办学优势

受学校办学思路、管理模式和师资队伍等条件影响，中小学生学业负担存在学校差异，实质是优质教育资源配置不均衡的体现。《中华人民共和国义务教育法》规定“不得将学校分为重点学校和非重点学校，学校不得分设重点班和非重点班”……

…………

论文《学业负担调查：问题表征与消解策略》立足学业负担这一严肃性事实，以学业负担问题消解为目标，通过实证调查旨在阐明中小学生学业负担整体性特征及其差异，并在事实诊断的基础上对学生学业负担进行归因分析，进而提出学业负担问题消解的基本策略。该论文行文写作规范，聚焦现实问题，所用数据清晰，参考文献明确，较为深刻地体现出教育科研论文的学术性与规范性特点。

第三节 教育科研论文的类型

不同类型的科研论文拥有不同的写作特征及呈现方式，不同学者对教育科研论文的类型认识也不同。本书按照教育科研论文自身的属性特点，把教育科研论文分为学术型论文、经验型论文、调查型论文、课题型论文、评论型论文五种类型。

一、学术型论文

学术型论文是作者针对教育教学领域中某一具体问题，进行系统性探讨、研究，进而形成的研究文章。我们一般把学术期刊和理论著作中的文章称为学术型论文。学术型论文在理论方面体现着较强的专业性，在文章结构方面体现着较为严密的逻辑性和完整性。专业性、系统性、规范性是学术型论文的显著特征。

(一)专业性

学术型教育科研论文是对教育教学领域中某一问题或现象的专业性探讨，需要聚焦到某一具体领域，如劳动教育、学业负担、爱国主义教育、教学方式、教材建设等，并用专业的话语体系来阐述本领域内的研究现状及设想，在遵循这一领域发展规律的前提下，用严格的专业术语来阐明文章的整体思想。学术型论文的专业性集中体现在语言的专业性，对本研究领域的描述必须使用专业的学术语言，如使用“教科书”“课程标准”“教育方针”“教学方式”等词语，不能把生活中的代称或别称运用到学术型论文当中，避免出现贻笑大方的表述窘态。

（二）系统性

学术型论文的系统性主要体现在思想的体系性和学说的周密性上。学术型论文不单单是对某一研究问题的简单性描述，而是经过全面考察后，在影响因素相互作用的基础上，经过全方位考证、全面性分析而得出的有效可靠的研究结论或研究对策。学术型论文的周密性是指学术型论文的各部分内容要环环相扣、层层递进，进而形成严密的论文整体框架体系。学术型论文的写作过程如同建造宫殿的过程一样，必须全面考察，系统推进，不能一蹴而就。

（三）规范性

学术型论文的规范性主要体现在行文格式的规范性和内容表达的准确性上。一方面，学术型论文有着一套较为成熟的行文格式。它主要由题目、摘要、导论、本论、结论和参考文献构成。另一方面，学术型论文必须遵循规范性的表述要求，即内容的表达要简洁准确，避免出现病句、错词、错符现象。此外所引用的数据和参考文献必须准确无误。

二、经验型论文

经验型论文是作者呈现自己在教育教学中取得的经验的论文，一般包括指导思想、工作思路、工作方案、具体措施、工作效果、个人感悟、推广应用、有待改进提高的部分等方面的内容，其明显特征是实践性、概括性和指导性。

（一）实践性

实践性是经验型论文最显著的特征。一方面，经验型教育科研论文的写作来源于教育教学实践，是作者对教育教学实践的工作总结与经验反思，它以事实为依据，用生动鲜活的实践案例作为经验型论文的素材，进而丰富经验型论文的内容。另一方面，经验型论文的创作目的是更好地推动教育教学实践工作的发展。从实践中来，到实践中去，是经验型教育科研论文的使命和责任。

（二）概括性

经验型论文是实践者在叙述事实现象的基础上，进一步总结出带有规律性或指导性的认识和方法，把分布在零星、无序、散乱的事实材料中的点点滴滴的经验、体会归纳成条，集中表现出来的文章。概括性是经验型论文的显著特征。经验型论文是教育教学实践者对个人经验和大量实践案例的简明性总结，用有限的文字概括众多的事实材料和个人感悟，使之成为明了的观点，进而便于读者把握和学习。

（三）指导性

指导性是经验型论文的又一特征。经验型论文的指导性特征集中体现在两个方面。一方面，从它的形成过程来看，经验型论文是作者在一定的教育教学理念的指导下，通过对零散经验、体会的系统加工才最终成型的。另一方面，从它的功效来看，经验型论文最为明显的功效是为具有相似教育教学实践情境的教育工作者提供方法指导和经验借鉴。概言之，经验型论文的指导性在于理性的引导，给人以道理启示，让人得道识途，获得思想的启迪。

三、调查型论文

调查型论文是教育工作者调查并呈现教育问题、事件或某一情况的论文，其形式包含论文、咨政报告等。没有调查就没有发言权。调查型论文是反映某一领域教育问题的重要文献资料。调查型论文作为一种说明性的文体，包含大量的调查事实、材料，而且需要呈现完整的调查过程，主要通过对事实的调查说明其观点，对调查对象作出评价，进而阐明其意义，或从调查总结的经验入手，说明某个道理。调查型论文的显著特征是写实性、客观性和逻辑性。

（一）写实性

调查型论文须立足大量现实、历史资料，运用叙述性的语言，真实反映所研究的具体事物，进而实事求是地反映某一具体的研究对象。调查型论文的研究对象是具有现实意义的客观存在物，而不是不存在的设想物。充分了解实情、全面掌握真实可靠的素材是写好调查型论文的基础。上述要求深刻彰显了调查型论文的写实性特征。

（二）客观性

调查型论文的客观性特征主要体现在两方面：一方面，调查型论文的创作者在行动之初首先必须秉持坚定客观的立场、观点，这样才能实事求是地开展调查研究，从而揭示出事物的原本概况，得出合乎客观实际的结论；另一方面，调查型论文中所用的数据必须是客观有效并经得起检验的真实数据，而不是创作者随意选取或肆意修改的虚假数据。

（三）逻辑性

调查型论文离不开确凿的事实，但它又不仅仅是对调查材料的机械性堆积和简单式罗列，而是通过对核实无误的数据和事实进行严密的逻辑论证，探明事物发展变化的原因，预测事物发展变化的趋势，揭示本质性和规律性的东西，从而得出科学的结论。

四、课题型论文

课题是指研究或讨论的主要问题或亟待解决的重大事项。教育课题研究是针对教育教学活动中的某一重要问题，开展专门而系统的研究，以期解决实际问题、揭示教育现象因果关系、探究教育规律、获得科学认识。所以，课题型论文是指以课题研究、课题实验为前提的具有较强理论性和实践性的一种总结性科研论文。

从理论层面而言，课题型论文从行动伊始就带有浓厚的理论色彩，课题型论文一般是对新问题、新领域的探索，因此相比经验型论文、调查型论文，其更具备理论上的创新性。此外，课题型论文的创作须遵循一些程序性的理论要求，其基本程序主要包括制订课题研究方案、研究课题开题、实施课题研究和课题总结。

从实践层面而言，课题型论文是一种有目的、有组织、有计划、有步骤的实践活动。课题型论文的开展一般是按照拟定好的研究计划和方案,按部就班地开展课题型论文的研究工作。在取得一定预期成果之后,形成课题研究报告。课题研究报告被视为课题研究行为的一种总结,是课题型论文的成果显现。按照课题实施方案开展有效的实践工作是保证课题型论文成功的关键环节。

五、评论型论文

评论型论文是作者针对研究领域中的某一现象、问题、思想等进行述评而写出的论文性质的文章,它主要对评论对象进行分析和评价,直接表达出作者的立场和主张,从而给读者带来新的启迪和思考。它是对客观存在的事物作出相对主观性的评价,带有明显的主体性思想倾向。研究者通过对研究对象进行系统分析,指出其优缺点,进而根据其立场,亮明自己对研究对象的观点。评论型论文不像学术型论文那样需要理论基础的支撑,也不像调查型论文那样需要大量的数据支持,它的篇幅往往较为简短,语言较为精练,用简洁的语言评论对象的现有面貌,然后亮出自己的观点,结合评论对象展开具体的论述。这里需要强调的是评论型论文的写作必须坚持明确的价值取向。它主要包括两个方面。一方面,评论者必须坚持客观的价值立场,既不避重就轻,也不能无限上纲上线,任意解读评论对象。另一方面,评论者应保持观点的稳定性。在评论型论文中,评论者应秉持始终如一的观点,在文字的表述中彰显自己鲜明的立场,不能前后不一,自相矛盾。

第四节 教育科研论文的写作基础

教育科研论文是一种具有规范性的文章，要想完成一篇合格的教育科研论文，离不开知识和经验的支持，这些知识和经验便是教育科研论文的写作基础。我们把教育科研论文的写作基础具体分为理论基础、教研基础和语言基础三种类型。教育科研论文的写作基础不是短时间内形成的，而是教育工作者在长期积淀和反思中逐步发展而成的。理论基础、教研基础和语言基础三者相辅相成，共同推进教育科研论文的顺利完成。

一、理论基础

理论基础是写好教育科研论文的首要条件，它具体指教师要具备系统的专业知识和良好的教育理论知识素养。掌握系统的专业知识是成为一名合格教师的必备条件，教师只有掌握系统的专业知识才能开展教育教学工作，这既是教师开展工作的行动起点，也是教育科研论文写作的行动起点。绝大多数教师都具备系统的专业知识，能够胜任教育教学工作，而教师在理论基础上欠缺的往往是良好的教育理论知识素养。

如上所述，在理论基础层面，中小学教师在创作教育科研论文的过程中最缺乏的是教育理论知识素养，正因为这方面的缺乏，导致一线教师往往很难在零散的教育经验或教学智慧的基础上形成系统的教育科研论文。中小学教师要提升自己的教育理论知识素养，可以从以下三方面做起。第一，不断阅读教育名著开阔自己的教育理论视野，从《学记》《爱弥儿》《理想国》《民主主义与教育》《给教师的一百条建议》等古今中外教育名著中获取思维的火花。第二，通过阅读权威期刊提升自己的教育理论敏感度。从《中国教育学刊》《课程·教材·教法》《人民教育》《基础教育课程》等关注中小学教育教学实践的期刊，来学习新的研究思路和研究方法。第三，通过以写促读的方式，记录下自己在学习过程中的思考和启迪，并定期进行系统的整理与反思，进而在写作中提升自己的教育理论知识素养。一言以蔽之，理论基础是中小学教师进行教育科研论文创作的首要条件，只有拥有坚实的理论基础，中小学教师在创作教育科研论文的过程中才能得心应手、游刃有余。

二、教研基础

教研基础是指研究者运用教育理论，探索教育现象中存在的规律，进而发现问题、解决问题的基本能力。教研基础既是顺利完成教育科研论文的重要保障，也是中小学教师从“教书匠”蜕变为“教学名师”的有力武器。教育科研的过程是教师将理论转化为实践的过程，是教师将教育教学活动转化为研究型活动的过程。中小学老师应如爬山虎一般，将自己的足迹遍布人生之路，积淀科学知识，提升教研能力，夯实自己的教研基础，补足从事教育科研论文写作的底气，从而适应未来信息技术时代学校教育的发展。

教研基础的提升不是一朝一夕就能完成的，它是在长期的理论学习与实践探究中所形成。夯实中小学教师的教研基础,可以从以下三方面做起。第一,以积极的心态投入教育科研之中。心态决定状态,是影响行动成功与否的重要因素。中小学教师只有保持积极的心态,才能从内心接纳教育科研任务,以更加乐观的心态克服教研过程中的困难。积极的心态是教师开展教育科学研究的基础。正如苏霍姆林斯基曾说:"如果你想让教师的劳动能够给教师带来一些乐趣,那你就应当引导每一位教师走上从事研究的这条幸福的道路上来。"第二,立足教育教学实践展开教研工作,做到学以致用。教育科研论文是对教育科研的系统性表达和客观性展现。教育科研是教师针对教学问题,运用理论视域进行深刻分析,从而探索解决路径的过程。中小学教师要立足教育实践中的实际问题,开展教育科研工作,形成用教学经验提升科研能力、用科研能力提升教学质量的良性循环。第三,坚持长期从事教育科学研究。"冰冻三尺非一日之寒",同样,教研基础的提升也需要长时间的积累。从苏联教育家苏霍姆林斯基,到情境教育创始人李吉林、"人民教育家"于漪,他们都是几十年如一日坚持教育科研,在科研中提升教学能力、夯实教研基础。

三、语言基础

语言是人类最重要的交际工具,是人类进行沟通的主要表达方式,是理解活动得以发生的重要媒介,是作者与读者相互沟通并对某事取得一致意见的核心。语言基础是指针对具体的研究对象能够说出或理解具有创新性的、合乎语法的语句,能够判别表面形式相同而实际语义不同,或表面形式不同而实际语义相似的语句,以及听、说、读、写、译等语言技能的运用能力。教育科研论文归根结底是作者语言的文字性描述,良好的语言基础既有助于作者顺利完成科研论文的写作，又有利于读者轻松愉快地掌握作者所要表达的思想。教育科研论文作为一种规范性的文体，与生活中的俗语有着一定的差异，它强调规范、简洁、明了。教育科研论文的语言体现出有序性和规范性两大特点。有序性是指教育科研论文不是随意的若干字词句的罗列，而是作者根据所研究对象的特性，遵循论文写作的逻辑顺序，进行系统性、层次性表述，保证论文书写恰当、结构合理。规范性强调教育科研论文的语言的使用和表述要规范，无明显的病句，避免使读者不知作者所言何物。此外，要用学科术语代替生活中的俗语，避免词义上的混乱。

夯实中小学教师的语言基础可以从以下几方面做起。第一，勤阅读。阅读是夯实中小学教师语言基础的良方。中小学教师在阅读教育学经典书籍、教育学权威期刊的过程中，一方面积累大量的写作素材，使自己在撰写教育科研论文的过程中有案例可以列举，有证据可以引用；另一方面，可以模仿优秀文章的语言表达，从而规范自身的语言表述。第二，勤动笔。站在岸上学不会游泳，勤动笔是夯实中小学教师语言基础的关键，中小学教师把自己在阅读文献或教育实践中的所感、所思、所想，及时以文字的形式记录下来，在这个长期积淀的过程中，就会逐渐适应写作、学会写作。第三，多推敲。教育科研论文的成型不是一次性的工程，往往需要作者经过反复阅读、仔细推敲、多次修改。中小学教师对待初步形成的教育科研论文初稿要仔细斟酌、耐心修改，在反复推敲的过程中提升自身的教育科研论文写作能力。

第二章 教育科研论文的构成

●○教育科研论文作为一种规范性文本需要遵循一定的结构程序。教育科研论文的形成离不开论点和论据的支撑。论点是作者在科研论文中所秉持的观点，代表着作者的研究主张和价值态度。论据是用来证明论点的基本判断，是论证的前提和基础。如果没有论据的强有力的支撑，论点就是徒有外表的空壳，论证更显得毫无意义。教育科研论文的结构即为组成教育科研论文的各个要素间的分配及其组合方式，它是内容的总领框架，在一定程度上体现了作者的研究思路与想法。教育科研论文的结构通常包含题目、署名、摘要与关键词、引言、正文、结尾、注释与参考文献七部分。

第一节 教育科研论文的论点

教育科研论文的写作需要对所搜集的大量资料进行分析，运用逻辑的思维，逐渐形成作者自己的观点，然后对形成的观点进一步提炼，从而确定论文的论点。因此，搜集资料、分析资料、提炼资料的过程，就是确立教育科研论文论点的主要过程。

一、中心论点的含义

王西彦在《人的世界·第三家邻居》中指出："语调虽很诙谐，他的论点却很精辟。"生动诠释出论点对于论文及作者的作用。关于论点，不同学者有不同的看法。有学者认为："论点是学术论文所表达的题旨和基本结论。"①还有学者认为："论点是作者对某一事物的基本观点，对某一事物的全部资料的一种认识、判断或评价，由于每个人看问题的观点、方法不同，占有资料的情况也不同，所确立的论点有的是正确的，有的会是错误的。"②综上所述，本书认为论点是作者在科研论文中所秉持的观点，

① 李福林，朱若茜.论文写作导论[M].北京：海洋出版社，1993：95.
② 袁晓燕.科研学术论文写作概要[M].长沙：国防科技大学出版社，2007：20.

代表着作者的研究主张和价值态度。论点由小论点、分论点和总论点构成，论文的总论点往往又称之为中心论点。基于此，将中心论点定义为论文作者所持有的核心观点。中心论点必须是主观意识与客观实践相一致的，能够反映论文的整体和事物的本质。

中心论点在教育科研论文中发挥着主导和决定作用，在论文中处于支配地位。教育科研论文的资料搜集、材料选择、结构安排以及遣词造句均须围绕中心论点铺开。一方面，中心论点建立在大量的资料分析的基础之上，是经过层层提炼获得的，因此中心论点的确立需作者持有富足的资料，且围绕中心论点展开。另一方面，中心论点是运用科学的方法将论文内容联系起来的线索，从而实现从感性认识到理性认识的飞跃，达到对论文内容的整体认识。

二、中心论点的要求

在某种程度上，中心论点是论文的灵魂和主心骨，也是论文论证的核心主题，是作者思想、态度、价值、意识的集中体现，故中心论点须具有科学性、深刻性、创新性。

第一，科学性。教育科研论文的中心论点如果要保证是正确的，则必须具有求真求实的科学性，科学性是教育科研论文中心论点正确的前提与基础。中心论点的产生，必须从客观事实出发，以事实为依据，不以个人主观意识为转移，更不能捏造、篡改事实。所谓科学性是指中心论点思想的正确，既不能出现文字、数据上的错误和偏差，又不能出现观点上的错误和纰漏，中心论点须严谨周密，无懈可击。

第二，深刻性。中心论点最能反映教育科研论文的思想，一篇论文的思想是否深刻与中心论点有着密不可分的联系，故教育科研论文的深刻性即体现在中心论点的深刻性上。中心论点思想的深刻性在于能够启迪读者的心智，让读者读完之后深受感染与启发，感受到思想上的共鸣。此外，中心论点的深刻性除了给予别人精神上的启迪，还体现在实践论述的深刻上。教育科研论文的中心论点并不是都晦涩难懂，可能会有一些浅显易懂的中心论点出现，但浅显易懂的中心论点不代表不需要深刻的论述，若能把简单通俗的中心论点论述得深奥，也能让读者耳目一新。

第三，创新性。教育科研论文的中心论点要求具有创新性，创新性是教育科研论文的生命和灵魂。只要不是机械地重复前人的成果，能够提出自己的观点，均属于有新意。教育科研论文的创新程度有高有低，但是在确立中心论点时必须具有创新意识，否则进行教育科研论文的写作如同嚼蜡，没有任何意义。这种创新包含内容创新和方法创新。内容创新是指教育科研论文的内容是还未进行研究的领域，是首次发现、提出或研究的领域，它具有重大的理论研究价值和实践应用意义，是对该领域的开拓，属于创造性的研究成果，内容创新一般多见于理论研究中。方法创新是指在已有研究领域运用新方法、将已有方法移植到新的研究领域或对已有方法进行改造与结合，它是对已有理论的发展与深化。因此，对新内容的发现、对已有方法的改进、对新方法的应用均是一种创新，只要在前人的基础上进行部分改变，形成新的突破和想法，便可认为该论点具有创新性。

三、中心论点的提炼

中心论点的提炼过程，就是确立中心论点的过程。论点从材料中来，产生于作者基于材料的思考和加工，是客观真实材料与作者主观意识共同作用的结果，究其本质是主观与客观的统一、观点与材料的统一。中心论点的提炼主要有系统分析法、探究本质法、科学思维法。

(一)系统分析法

系统分析法是基于对全部材料内涵的了解与概括，进而提炼出全面、深刻的论点的方法。论点产生于材料，没有预先了解丰富的材料，学识再渊博的人也无法创造出中心论点。因此，提炼中心论点最基本的方法就是从全部材料开始，对全部材料进行系统分析。所谓“前人栽树，后人乘凉”，也体现在教育科学研究中：新观点的产生，必然建立在前人的研究成果之上，只有全盘了解、掌握前人对该领域的贡献，然后经由作者仔细揣摩、推敲，才有可能在吸收前人经验的基础上，生发出对该研究的新观点。因此在确立中心论点的过程中，要对全部材料进行系统整理分析，将类似的观点、现象按照一定的规则组合排列，使其成为一个系统，再经过深入的比较思考，总结出相似的规律，最后得出结论。经过层层的系统分析，提炼出的中心论点才能扎实、可靠。

(二)探究本质法

本质是一类事物区别于其他类事物的特有属性，故探究本质法即通过抓住事物的本质，提炼出中心论点的方法。在教育科学研究中，发现问题是抓住事物本质的起点，善于发现问题，解决基本矛盾，才可能有效得出研究成果。探寻本质往往有以下三种途径。第一，对比。将具有较大差异的事物放在一起比较，更能凸显事物的本质。第二，改变。通过对已有事物角度、层面、条件等的变换，分析在变换某些因素的情况下，事物会发生什么样的变化，该变化可能为事物的本质。第三，极端。将事物做极端处理，看看将会呈现出什么样的矛盾，这种矛盾即为探究本质的源头。但是有时候材料所反映出的本质并不明显,因此,这就需要我们在寻求材料本质、挖掘材料的中心论点时不被表象所迷惑,层层深入,直击核心论点。

(三)科学思维法

想要获得具有代表性、立意新的中心论点,必须充分利用科学的思维方式,将看起来似乎毫无联系的材料总结为能够反映事物固有特征和内在属性的理论认识。从感性材料上升为理性论点的过程中,更需要科学思维的广泛参与。在提炼中心论点的过程中,自觉运用多种思维方式,充分发挥求同求异思维和创造性思维的作用,全方位、多角度、多层面地思考材料内容,不囿于思维的某一方面,充分发挥想象力,才能遨游思维的海洋。只有不墨守成规,运用科学的思维方法,才有可能提炼出具有新的认识角度的中心论点,进而产生独特的观点。

第二节 教育科研论文的论据

一、论据的含义

论据，是教育科研论文三要素之一。有学者认为："论据是用来证明或说明论点的理由和事实的总称。"[①]也有学者认为："论据，就是理由和根据，是一些已知的事实判断，是用来证明论点的依据。""凡是已被确认的有关事实的判断、公理，以及已被证明是正确无误的一切判断都可组成论据。"[②]基于此，本书认为论据是用来证明论点的基本判断，是论证的前提和基础。如果没有论据的强有力的支撑，论点就是徒有外表的空壳，论证更显得毫无意义。

论据可分为事实论据和理论论据两种类型。事实论据指基于事实判断的详细材料，包含现实材料、数字数据、图表插图、史实资料、已有的经验、经调查得到的事实等，这些论据都是真实的，经过实践的调查与检验过的。理论论据指经过长期的检验所证明的理论材料，如经典理论、科学定理、公式、规律等。理论论据是经过时间的洗礼被证明正确的论

① 史长磊.科技论文写作规范与方法[M].北京：中国纺织出版社，2013：54.

② 李福林，朱若茜.论文写作导论[M].北京：海洋出版社，1993：139.

据。只有教育科研论文中拥有了大量的论据支撑，才会使其论点有更强的说服力，论证更有深度。

二、论据的选择

教育科研论文须以客观事实为依据，通过对研究中的材料进行一系列筛选、整理和提炼，才能选出具有意义、具有典型性的真实材料作为立论的依据。因此，我们在对论据进行选择时，须去粗取精、去伪存真、由表及里地筛选、取舍，选出紧扣论点、真实准确、新颖生动的材料为论据。

首先，紧扣论点。中心论点需翔实的论据作为支撑，凡与中心论点结合较为紧密的材料一般均为主要材料，也是教育科研论文的主要内容，故论据的选择须紧扣论点，以中心论点为依据，脱离了中心论点的论据只会使教育科研论文的论述显得苍白无力。

其次，真实准确。具备真实准确的材料是对教育科研论文的基本要求，论据要想更具说服力，除了紧扣论点外，还须具备真实确凿的特点。以尊重事实，排除主观的偏见与不满为前提，充分以事实为依据才能更好地论证论点。因此在选择论据时，一方面要结合论点的内容，以精确可靠的数据、表格等作为论据；另一方面论据推出的观点要准确清楚，经得起实践的推敲和检验。

最后，新颖生动。教育科研是随着时代的变化不断发展的，任何教育科研问题都会因研究的深入不断完善与进步。如果仅仅选择已有的、陈旧的论据，便陷入了反复重复前人研究的泥沼，教育科研论文的论证就无法以理服人，因此，论据的选择须结合时代的发展，以新颖生动的论据为主。这主要表现在以下两方面：第一，根据教育科研论文的内容选择最新的论据，使之能够体现出当前论点的动向及意蕴；第二，在已有的论据之上，发掘新的论据，进而以新的思路论述论点。总之，教育科研论文中新颖生动的论据能够让读者耳目一新，也增强对论点的支撑。

三、论据的使用

（一）循序渐进

教育科研论文的研究过程一般是“发现问题—提出问题—阐述问题—解决问题”，故论据的选择也应以论文的研究过程为参考，按照一定的步骤逐步推进，循序渐进选择合适的论据。发现问题，是研究过程的起点，在论据的使用上要具有启发性质，让读者明晰如何发现问题。提出问题，是研究过程的开始，一般有开门见山、间接导入等方法，主要说明研究的内容。因此论据的使用可直接引入内容，也可间接引用一些相关知识带出研究内容。阐述问题，是研究过程的关键环节，论文的思想也体现在阐述问题的过程中，论文中的各类依据和说明都需要来支持阐述的内容，故在这一环节，论据的使用须有理有据、铿锵有力，才能说服读者，为论文的结论奠定基础。解决问题，是研究过程的终点，前面一系列论据的使用，使解决问题变成了很自然的事情，这一环节主要体现结论的正确性、逻辑性和鲜明性，因此论据的内容要与前面保持一致。总的来说，在“发现问题—提出问题—阐述问题—解决问题”的研究过程中，论据的使用遵循“启发诱导—直接或间接—有理有据—保持一致”的规律。

（二）详略得当

论据的使用是否详略得当，是判断教育科研论文好坏的重要标准之一，主题鲜明、结构严谨的教育科研论文必然在论据的使用上也会详略得当，而不是对论据的胡乱堆砌，使论文看起来混乱不堪。因此，在论据的使用上应有取有舍，详略得当。具体方法如下。第一，以中心论点为依据。与中心论点关系较为紧密的论据为主要论据，也是论文的主要内容，在使用时应下笔翔实，写得具体、细致、认真。而与中心论点关系不太紧密的论据则为次要论据，在论文中相对而言没有那么重要，可简略概括或舍弃无关紧要的论据。如在实证性的教育科研论文中，论点和论据就须详细表述，因为实证性的论文包含已确立的理论研究、调查过程、调查数据、调查结果等，只有充分阐释、使用相关论据，才能保证中心论点站得住脚。第二，以读者需要为依据。论据在围绕中心论点的基础上，还须考虑读者的需要。对于常识性的、读者已经知道的材料，无论在论文中的地位多么重要，都应略写。而对于专业性的、读者生疏的材料，尽管处在次要地位，也要适当的详细描述。

（三）表述清晰

教育科研论文中论据的使用旨在支持文章的核心论点，以抽象、概括的叙述和论证说明研究内容，因此论据的表述须清晰、明确、具体，使之言之有理、通俗易懂，切忌浮夸、模棱两可。表述清晰的含义有以下两点。首先，遣词造句精准。因教育科研论文中论据的选择要求紧扣论点、真实准确、新颖生动，所以在叙述事实材料、对事实材料分析和论证时，遣词要斟酌、造句须准确，尽可能避免词不达意、含混不清的现象。其次，论据表述准确。在教育科研论文中，数据、图表、符号以及摘引的文字等均要准确无误，不能出现任何差池。在教育科学研究中，因教育的特殊性，故各项数据都处在变动之中，因此在进行数据的搜集整理工作时，应注意数据的时效性，清晰地表述数据，否则用陈旧的数据研究当前的教育问题，易降低论据的说服力。

第三节 教育科研论文的结构

一、结构的含义

结构是组成整体事物的各个部分之间的搭配与安排。教育科研论文的结构即为组成教育科研论文的各个要素间的分配及其组合方式,它是内容的总领框架,在一定程度上体现了作者的研究思路与想法。有学者认为:“教育科研论文的结构包含科研论文的内在思维逻辑和外在的表现形式两方面。”[①]内在的思维逻辑以教育科研论文的内容为体现,是对研究内容的高度概括与思想提炼,包含教育科研论文的主题、素材等。外在的表现形式包括篇、段落、句子等。也有学者认为:“教育科研论文的结构包含题目、绪论(前言)、本论、结论等基本成分和摘要、关键词、注释、参考文献等附属成分。”[②]基于此,虽然教育科研论文的形式各异,写法多样,但究其本质,均要遵循“绪论—本论—结论”的逻辑顺序。[③]因此以教育科研论文的框架结构为立足点,本书认为教育科研论文的结构包含题目、署名、摘要与关键词、引言、正文、结尾、注释与参考文献七部分。

---

① 袁晓燕.科研学术论文写作概要[M].长沙:国防科技大学出版社,2007:5.
② 曾晓洁.小学教育研究方法[M].北京:高等教育出版社,2015:239.
③ 刘志军.教育研究方法基础[M].北京:人民教育出版社,2006:287.

(一)题目

教育科研论文的题目主要说明论文的研究内容、研究对象等,多以表明文章的主要观点为立足点。英国科学家J.D.贝尔纳提出:"课题的形成和选择,无论作为外部的经济技术要求,或作为科学本身的要求,都是研究工作中最为复杂的一个阶段。一般来说,提出课题比解决课题更困难……所以评价和选择课题便成为研究战略的起点。"[①]由此可见,确定题目是教育科研论文写作的起点。题目主要包含以下三种。第一,基于理论的内容式标题。这类标题主要凸显论文的内容,并不展示文种的性质,如《智慧课堂初探》《核心素养下教师职业角色的转变》等。第二,基于实践的公文式标题。这类标题通常包含论文的研究对象、研究内容以及论文文种,类似公文标题,如《中学生数学学习评价试验研究报告》等。第三,双层式标题。双层式标题也称作正副式标题,由正标题、副标题两层组成,正标题揭示研究的主旨,副标题揭示研究的对象及范围,两层标题之间互相补充,如《传统蒙学对于现代家庭建设的教育价值分析——以〈三字经〉〈弟子规〉为例》[②]《小学减负喜忧参半背后的对策探究——基于108所小学减负落实情况的调查》[③]等。

(二)署名

教育科研论文的署名是一项极具技巧性的事情,熟练掌握署名的技巧,不仅能够正确保护作者的劳动成果和知识产权,还能避免作者陷入因署名而导致的盲目投稿中。具体而言,教育科研论文的署名有如下技

---

① 中国自然辩证法研究会筹备委员会.科学方法论研究[M].北京:科学普及出版社,1983:87.

② 王秀江.传统蒙学对于现代家庭建设的教育价值分析——以《三字经》《弟子规》为例[J].中国教育学刊,2019(9):44-47.

③ 杨欣.小学减负喜忧参半背后的对策探究——基于108所小学减负落实情况的调查[J].中国教育学刊,2019(8):6-12.

巧。首先,如果教育科研论文是个人独创,则直接为第一作者;若涉及多位创作人的共同成果,则以对论文的贡献程度为衡量标准对多位创作人进行排序。其次,如果该教育科研论文涉及基金项目,则应标明支持该教育科研论文的基金项目的名称和编号。最后,确定教育科研论文的通讯作者。一般而言,如果通讯作者与论文的第一作者为同一人,则按照要求对此人进行简单的介绍;若通讯作者与论文的第一作者非同一人,应对通讯作者和第一作者同时作出简单介绍。总的来说,在教育科研论文的署名中,至少要对通讯作者或第一作者中的其中一位作出介绍。

(三)摘要与关键词

摘要是教育科研论文核心观点的提炼,能够表达论文的主要思想,概括文章的结构和重要观点。在一定程度上,摘要的好坏直接反映出撰写教育科研论文作者水平的高低。因此,摘要的撰写应体现教育科研论文的研究背景及目的、研究内容、研究方法、研究发现和研究结论,并且遵循客观性、准确性、简练性、规范性等原则,字数一般在200~400字范围。切忌杂乱无序,表述不清晰而导致对研究成果泛泛而谈。关键词是反映论文最基本内容的专有名词,是检索论文的标识,每篇教育科研论文的关键词为3~5个。

(四)引言

引言,又称前言、序言、绪论等,在教育科研论文中,引言一般指文首的第一段话。引言主要说明所撰写论文的背景、目的及意义,作者的基本观点等,发挥揭示论点的功能,一般包含三个方面。第一,简要说明教育科研论文的研究问题,以及研究该问题的原因及背景;第二,简要说明研究的基本情况,包含研究对象、范围、方式方法等;第三,对研究进行整体分析。引言在教育科研论文中相对来说较为简短，能够使读者全面把握科研论文的主旨和精神即可，因此引言的撰写须简明扼要、紧扣主题，发挥提纲挈领的作用，既能突出科研论文的中心，又能为之后正文的撰写提供基础。如在《小学科学课程中开展STEM教育的问题与对策》[①]中，全文约5000字，引言大概400字，具体如下。

引言

STEM教育是一种以项目学习、问题解决为导向的课程组织方式，它关注不同学科知识间的相互影响和整合，将生活情境和社会问题置于学习中心，被视为培养学生21世纪技能与核心素养的“疗效药”。小学科学课程本身具有整合性，对学生科学素养乃至STEM素养的形成具有重要的启蒙作用。2017年教育部印发《义务教育小学科学课程标准》，倡导跨学科学习方式，建议小学科学教师在教学实践中开展STEM教育。

作为一种新的课程组织方式，STEM教育对学校的资源配置，教师的知识领域、教学设计能力等都提出了更高的要求。然而STEM教育缺乏明确定义与话语共识，在我国起步也较晚。我国小学科学作为核心学科的地位至今还没有得到真正的确认，小学科学教师群体存在比较严重的非专职化、非专业化现象。本文基于文献研究与典型样本调查研究（N=680，α=0.874），对小学科学课程中开展STEM教育存在的主要问题进行分析，并在此基础上提出实施建议，希望能为我国推进小学科学整合STEM教育提供参考意见。

这段引言共分为两段，每段所表达的意思不甚相同。第一段首先表达了论文的研究问题、背景等，说明STEM教育与小学科学课程之间的关

① 林静，石晓玉，韦文婷.小学科学课程中开展STEM教育的问题与对策[J].课程·教材·教法，2019，39(3)：108-112.

联，并引出与本文相关的两个概念：STEM 教育、小学科学课程。第二段对当前研究的基本现状进行简要分析，同时阐述本文采用的两种研究方法，最后从总体上表明本文将寻找当前在小学科学课程中开展STEM教育的问题，并基于此提出作者的想法。这两段话既简单清晰，概括了该论文的研究背景、方法、对象等核心要素，又发挥总领全文的作用，为下面正文的撰写做好铺垫。

（五）正文

正文是教育科研论文写作的核心部分，其主要任务就是论证中心论点。在正文中，作者运用叙述、图表、数据等方式将所搜集的资料呈现出来，并对论文内容进行分析与描述，有顺序、有组织地将思想表达在文中。正文的写作须注意以下两点。首先，段意应清晰。正文中的每段话都应有一个清晰的主题，全段应围绕该主题展开。主题可放在段前，总领段落，可放在段中承上启下，也可放在段末，总结本段，无论在哪里，都应突出该段的中心思想。如果段落没有清晰的主题，则会导致段落的意思晦涩模糊，给读者摸不着头脑的感觉。其次，段意要一致。在段意清晰的基础上，则要考虑段意的一致性。段落分为单义段和兼义段。单义段即一段只有一个意思，段落的前后句意保持一致，而兼义段则指包含着两个及以上中心意思的段落。在教育科研论文写作中，我们通常以单义段的写作为主，如果在特殊情况下须写兼义段，尽管表达的不止一个意思，但相同意思的句子仍须放在一起，否则易导致段意的不一致性，显得论文较为混乱。

（六）结尾

结尾在文章的最后，主要阐述研究内容的结论，但又不仅仅只是表达结论。一方面，结尾是在对研究内容进行科学分析的基础上，概括出与研究内容相关的结论和规律，基于此提出新的问题或想法；另一方面，除了阐述结论性的事物，结尾还可表达对前景的展望、对未来的希望等理想性的观点。在撰写结尾段时，所提出的结论必须客观、严谨、真实，须以一定的事实和现实作为依据，所表达的理想希冀要合理、可行。

（七）注释与参考文献

注释是对论文中的引文、词语或内容作出必要的解释说明的文字。注释从类型上看，分为参考性注释和内容型注释两类。参考性注释是说明资料来源出处的注释，主要对论文中的引文，包括使用的插图、表格等资料进行说明，便于读者进行查找追踪；内容型注释是对论文内容做补充说明的注释，主要是为了对论文中的某些难点、名词术语、概念等作出解释。[①]参考性注释从标注格式上看，分为顺序编码制和著者出版年制两类。顺序编码制即为按照顺序在正文引文处的右上角标示出数字的注释方法；著者出版年制即在正文引用处标示作者和出版年份的注释方法。不管采用哪种标注方法，都须注意正文中的引文与文后的著录均须保持一致。

参考文献是对他人著作观点原话的引用，以增强科研论文中的学理性和可信性，参考文献的引用包含直接引用和间接引用。直接引用指将原作者的话一字不变地摘录进自己的论文中，此时摘录的语句只与自己想表达的观点有关，且引用的句子一般须用引号标示；间接引用是改变原作者的话，但不改变原意的引用。参考文献引用的标准化一方面能够体现出作者对他人成果的尊重，展现作者认真严谨的态度；另一方面能够方便读者查阅相关的文献资料，了解该领域的研究现状。

---

① 周东明，熊淳．教育科研方法基础[M]．武汉：华中师范大学出版社，2012：166.

二、结构的组织原则

要保证教育科研论文的可读性除了要在论点上具有科学性、深刻性、创新性，在论据的选择上紧扣论点、真实准确、新颖生动，在论据的使用上循序渐进、详略得当、表述清晰之外，在论文结构的七部分中还要渗透论点、论据和论证。如果认为题目、署名、摘要与关键词、引言、正文、结尾、注释与参考文献七部分为教育科研论文的框架结构，则在良好的、完整的论文结构中，论点、论据是不可缺少的内容要素，论证是表达要素。只有将论点、论据和论证三者放置在框架结构中，才能更好地结合内容要素和表达要素。因此，为了更好地理解结构的内容要素和表达要素，结构须遵循逻辑统一、主次有别、符合规律的原则。

（一）逻辑统一原则

逻辑的有机统一主要体现在论点、论据、论证的有机统一上。一篇好的教育科研论文，必须论点明确、论据确凿、论证严谨，形成论点、论据、论证三者之间逻辑的有机统一。因论点、论据、论证深深渗透到教育科研论文中的题目、摘要、正文等要素中，故这种有机统一在论文的结构中表现得尤为明显。只有中心观点而缺乏材料的支撑，会使教育科研论文陷入空洞、缺乏说服力的境地；而只有材料的堆叠，模糊中心观点，也会使教育科研论文缺乏深度，不能深度凸显其思想；同样，论点、论据的清晰并不代表论证的严谨，不合理的论证仍会使教育科研论文陷入杂乱无序的局面。如部分教育科研论文为了能够科学、准确地表达研究成果，产生了大量的数据代表研究的成功这种认知，往往会在论文中提供大量数据作为支撑，但仅仅是对数据的简单罗列，并未有效结合数据对研究内容进行深刻分析，反而降低了文章的可信性和可读性。因此，对教育科研论文结构的把握需要严格对搜集的材料进行提炼取舍，筛选出支持度最高的论据支撑论点，层层深入论证，保证结构中论证、论据和论证的有机统一。

（二）主次有别原则

教育科研论文的结构一般包含题目、署名、摘要与关键词、引言、正文、结尾、注释与参考文献七部分，需要将这七部分按照所要论述内容的内在联系和逻辑关系，安排得主次有别、详略得当。只有如此，整个教育科研论文的表达才能更加完整，中心论点才能更加凸显，论证才能更科学严谨、更有说服力。无论是论点，还是论据和论证，在教育科研论文的结构中，均有主次之分。首先是论点。论点按照重要程度可分为主要论点与次要论点，按照与主旨的契合程度可分为中心论点与分论点，在教育科研论文中主要论点与中心论点比次要论点与分论点稍微重要一些，因此在论证论点时，应以主要论点和中心论点为着力点。其次是论据。论据来自于大量的材料，这些材料可分为主要材料和副次材料。不同论点的重要程度决定论据材料的重要程度，如主要论点与中心论点必然会需要大量的主要材料作为支撑，在对论点的论证中，自然会形成一个关于主次的清晰的文章结构。最后是论证。论证也分为重点论证和次要论证，显而易见，重点论证用来解释重要的论点与论据。综上所述，分清主次能够让教育科研论文的结构更具有层次性，对论点的分析更深刻透彻。

（三）符合规律原则

教育科研论文是教育科学研究成果的载体，其结构能够准确反映事物的发展规律和各要素之间的内部联系。换句话说，任何事物都有从形成、发展、变化到最后成形的固有特征和自身特点，教育科研论文也不例外，在结构的构成、表达、阐述和论述的过程中，必须遵循教育科研论文的规律，凸显论点、论据之间的联系，使各个要素在材料和观点的支持下有机组合。如摘要的写作字数以200～400字为宜；引言的写作须揭示研究背景、对象等基本信息；正文中既须突出论点，又需论据支持等。结构的构思反映作者的思路，呈现出作者对该问题思考和分析的脉络。因此，无论作者的起点和角度是什么，无论论述的内容是横向展开还是纵深发展，在结构上都必须符合作者认识客观事物的思维逻辑和规律原则，违背客观规律的结构不得出现。

三、结构的类型

教育科研论文的结构中包含了作者的全部观点，并且能够清晰地看出与论文内容有关的材料、分析等，因此教育科研论文结构的类型必须遵循一定的逻辑关系，使其有组织地罗列。一般而言，教育科研论文的结构包含以下四种类型。

（一）递进式结构

递进指按照一定的顺序由浅入深地推进，故教育科研论文的递进式结构便是由浅及深一层一层地剥开中心论点，使其按照事物发展的逻辑顺序、演变过程互相衔接，深入剖析中心论点的内容，直到将论点论证清晰，得出具体的结论（如图2-1）。该结构最大的特点即为层次性与递进性，通过层次性推进使中心论点一点一点递进，清晰呈现出论点的论证过程。例如，针对信息化背景下教师培养进行路径的建构，则须先了解信息化背景下教师职业的特点，其次了解信息化背景下教师培养的优势与不足，最后基于特点、优势与不足，才能提出信息化背景下教师培养的路径。

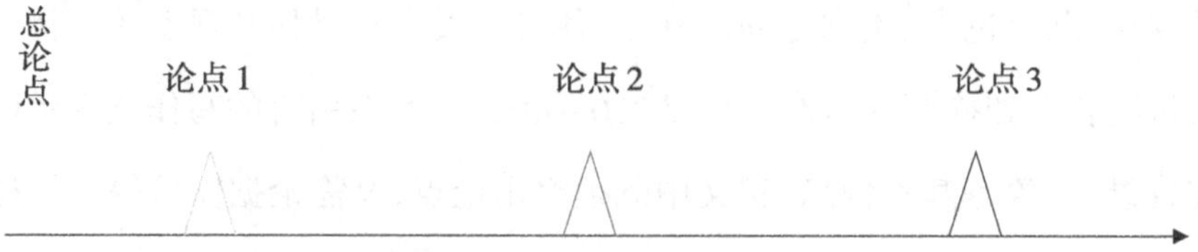

图2-1　递进式结构图

（二）并列式结构

顾名思义，并列式结构指各个论点之间是并列关系（如图2-2）。具体而言，具有并列式结构的教育科研论文往往围绕中心论点发散出若干分论点，若干分论点之间是平行并列的关系，分别从不同角度、不同方面对中心论点进行论证，因此尽管各分论点之间是平行关系，但却与中心论点呈现出垂直关系。在并列式结构中，以不同分论点举论中心论点能够提升中心论点的可信度，使教育科研论文具有更强的逻辑性和说服力。例如，针对一个地区学生的学习情况进行科研论文写作，可将学生的学习情况分为学习动机、学习态度、学习成绩、学习心理等不同的侧面，分别从不同的角度探讨学生的学习情况，使问题的论述更为集中与具体。

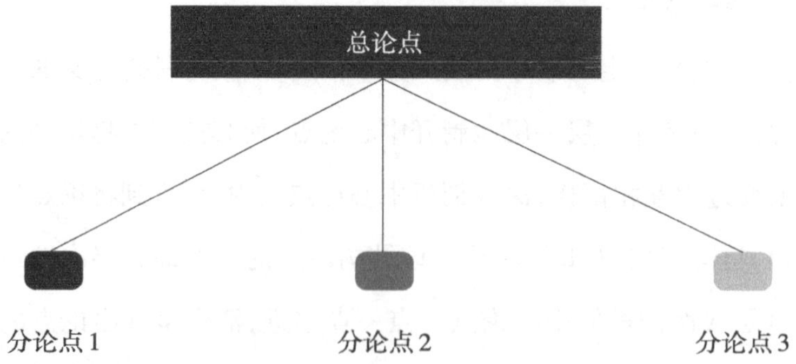

图2-2　并列式结构图

(三)对比式结构

对比是将两个具有明显差异、矛盾和对立的双方放在一起进行比较的修辞手法,写作中的对比手法是将事物、现象中的矛盾双方置于一个完整的统一体中,以此形成相互对照和呼应的关系(如图2-3)。教育科研论文中的对比式结构即为通过创造相应的条件,将两个具有明显差异的论点放置在一个系统中进行论证,以形成两者之间的相互对比,从而突出论文想要表达的真正思想。对比式结构具有较强的感染力和冲击力,有利于充分显示论点的矛盾,突出论点的本质属性与特征。

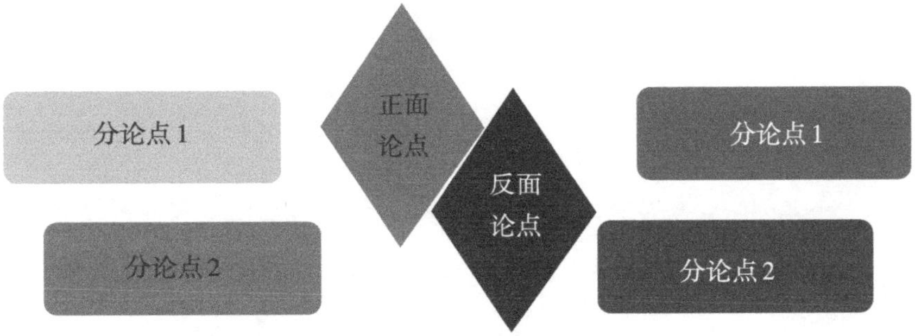

图2-3 对比式结构图

(四)综合式结构

一篇好的教育科研论文往往具有层次推进、信服度高、感染力强的特点。在实际的教育科研论文写作中,通常使用综合式结构,将不同的结构相互结合使用,既能开阔科研论文的写作视角,又能够从综合角度更为深刻地论述问题,使其呈现出不同的格局。一般而言,综合式结构适用于论述较为复杂的科研问题,多种结构同时使用可以更为鲜明地展现论文内容。

第三章 教育科研论文的选题

●〇选题，顾名思义，就是选择课题，即选择中小幼教育教学中值得探讨或需要解决的现实问题。可以这样说，教育领域内可能存在一定的问题，但并不意味着这些问题都是科研者选取的研究课题，改善教育现状、促进教育发展、引人深思的教育问题才有可能成为教育科研者的论文选题。提倡一线教师进行教育科研，是为了让一线教师在教育教学的实践场地中检验已有的教育教学理论，反思现有的教育教学，并尽可能提出本土化的教育实践理论，从而加速我国教育事业的现代化发展。不管是开展教育教学研究，还是其后面的成果撰写，首要的就是选定研究的教育课题。

第一节 选题的重要意义

世人常从“是什么？为什么？怎么办?”这三个方面思考一个问题，其实教育科研论文的撰写也是如此。先明确自己要研究哪一方面或哪一个问题——写什么；然后思考选择这个问题的原因——为什么写；最后再思考如何有理有据、有自己特色地阐述清楚研究结果——怎么写。从论文效果来看，选定“写什么”尤为重要，也就是选定有价值的研究课题非常重要，课题选好了，论文写作就成功了一半。

一、确定论题——教育科研论文写作的前提

撰写论文首先需要在教育各方面的问题中选定课题，确定主攻的方向，才可能有一定的研究，才可能写出论文。为什么有的一线教师在教学生涯中没有写出或者发表过一篇教育科研文章？为什么有的一线教师具有好的教育教学经验但无法形成教育教学理论？这是一个值得广大中小学教师深思的问题。其中的原因很多，如部分一线教师没有强烈的科研意识，认为教育科研不是必要的；部分教师有科研意识，但没有自己主攻的课题，东一榔头，西一棒槌；部分教师只是忙碌于日常教学或行

政事务，未用心观察、总结、反思自己常规的教育教学活动，等到要写论文时，一片茫然，无从下手。所以，开展教育科研，必须要有科研意识，而撰写教育科研论文，必须有明确的课题，也就是必须先选定研究方向，然后围绕课题撰写论文，这样才能立得住，钻得进去，挖深拓宽，才可能写出有见地、有分量的教育论文。

二、瞄准论题——教育科研论文写作的关键

瞄准论题指的是选题要有一定的研究意义，能解决一定的实际问题。另外，论题也要是自己“能够”进行得下去的，这样才有可能完成科研论文的撰写。众所周知，教师的教育教学经验不同、教育教学的敏感度不同、拥有的资源也不同等，这些因素都会对自己的教育科研产生影响。故选择论题，要从自己实践中的兴趣点、疑惑点、困难点出发，结合自身的情况、实际的教学活动以及国家的教育方向、政策等，提出有价值的问题，满怀研究的热情，愉快地展开调查、搜集资料，这样自己的教育科研才可能顺利地开展，论文写作也才可能得心应手。好的选题，大家读起来才会感兴趣，才会吸引人。

三、定好论题——教学与科研结合的重要途径

论题方向瞄准后，还须进一步判断它是不是一个好的论题，一个好的论题应该是一线教师的教育教学认知与科研的结合。一线教师对教育教学的认识具有一定的普遍性，同时也有一定的个性，但不管是普遍性的还是个性化的教育教学认知，在实际的教学活动中都会由于不同的

原因出现“偏差”。为了更好地教育学生，教师会不断地去印证、调整、探索这个“偏差”，这个过程就是简易版的教学与科研的有机结合。这对于一线教师来说是常态化工作，现在只是需要将其放大来做。结合自身的实际情况和国家政策方向等，确定好自己的“偏差”论题，从自身及同行的教学活动中搜集、整理资料，阅读相关书籍，了解前沿的理论知识，并在自己的教学活动中不断地验证、修改、总结、反思，以得出自己的认知和规律，最后将其进行书面阐述，分享给更多的人。定好论题、验证论题等这一过程，不仅会提高自己的教育教学水平，也会增强自己的科研能力。

第二节 选题的原则

选择科研课题既然那么重要，那么如何选择呢？一般来说，除了可以根据自己的兴趣爱好、个人经历选择外，还需要明确选题的一般原则，尤其是要选定一个既符合自己志趣和能力，又有一定理论价值和实践价值的课题。通常而言，选定科研课题应该考虑科学性原则、价值性原则、可行性原则和创新性原则。

一、科学性原则

科学性原则指不管选择什么课题，都应依据教育学、心理学等学科的科学规律，结合教育教学中的实际情况，做到客观真实、有理有据、有言有物。选择的课题不应只是表面光鲜亮丽，实则混乱不通。比如“×××理论视角下的×××”，其选定的课题与该理论并没有太大的关系，只是故意给人一种莫测高深的感觉。也不应抛弃或者违背理论去进行实践。一般而言，学生在不同年龄阶段有不同思维发展水平，教育教学活动要遵循这一发展规律。若在小学阶段提出这样一个论题——“提高小学生议论文的写作水平”，这一选题内在地违背了学生的认知和思维发展水平，在实际教学中就不成立。因此，教师在选择课题时，要有针对性，在学生客观实际的基础上做符合科学规律的研究。

二、价值性原则

我们常说课题的研究要么能引导人们的教育观念，要么对一线的教育教学活动有实际的指导作用，这就是论题的价值性。一个论题要有一定的理论价值和实践价值，可以有偏向性，同时我们也应认识到好的论题既有理论价值，又有实践价值。因为理论知识需要实际事例作为支撑，实际经验的获取建立在理论知识之上。因此，选择课题，要符合一定的科学规律，要符合国家及社会发展要求，要符合实际的教育教学活动等，如“传统语文教学策略的现代化研究与实践”“行动取向视角下小学生模仿学习研究”等这样的选题，都是有一定价值的。否则，你千辛万苦选定的课题也可能是无价值的，你做出来的成果也只能束之高阁。

三、可行性原则

选题除了要考虑科学性和价值性的原则之外，还要考虑可行性原则。这主要考虑的是教师是否具有进行课题研究的主客观条件。如一位教师处于偏远闭塞的乡村学校，自身没有天文学方面的知识，也没有相关的设备，他想让学生研究天体，可行性就很低。举这个例子主要是说，选题除了考虑科学性、价值性之外，还要思考利用自己现在的条件能否顺利地开展选题的研究工作，如自己本身是否具有选题相关的理论知识、实践经验、兴趣，以及经费、时间、团队、设备等，这都会影响选题研究的进行。此外，选题的大小尤为关键，因为它会影响你人力、时间、资金的分配以及质量的好坏。通常来讲，“小题大做”是最佳的选题，省心省力省时。总之，选题时要注意量题而作，量力而行，量实而动，扬长避短。

四、创新性原则

创新性是教育科研论文的灵魂，要求让人眼前一亮，给人一种新鲜感，而非人云亦云。教育科研论文写作的目的就是与别人交流自己所发现的、所发明的。若都是“众所周知”，无一点新意，则没有研究的必要。科研论文的创新性一般表现于新观点、新内容、新方法中。理想的科研论文应是这三方面都具备的，可就实际而言，能有一方面的“新”就算是达标了。此外，这三面的“新”也可以是部分的“新”，如可以在原有观点的基础上补充部分自己新的观点，在原有的方法中补充一种自己的新方法，或者是新的谋篇布局等。总之，选题时需要尽可能富有自己的新意，即“写人所未至景，或写人虽曾至而未见之景”，这样的选题才有意义。

第三节 选题的思维策略

有诗云,“不识庐山真面目,只缘身在此山中”。一线教师置身于教育教学现场中,可以说每天都有教育教学的困惑与小收获,每天都与众多的教育教学选题打交道,只是自身未更上一层楼去捕捉、去思考。所以,想要选择一个好的、适合自己的论题,一线教师需要调动自己的思维,运用一定的思维策略。好的选题思维策略,能让教师较快地捕捉到适切、有意义的论题。

一、选题思维策略的含义

凡是研究都有研究对象,但有时研究对象是一个面,而非一个具体的、小的点,这时就需要对研究对象进行解剖、加工,这种思维的方法就是选题的思维策略。刚开始做选题时,我们大多只是框定了所要研究的领域,或者设定了研究的一个大方向,还没有形成具体且可操作的研究问题。如部分中小学教师在选题时提出“教师专业发展”“校本课程研究”“学生课外辅导活动研究”等题目,它只是设定了一个研究的大方向,具体的问题并没有提出,还需要进一步细化。如“教师专业发展”,你是要研究教师某方面专业能力的发展，还是教师专业发展的支持系统？研究哪个阶段的教师、哪个学科的教师？可能还得再聚焦更小的问题才能得到选题。反之，没有对研究对象进行解剖、加工，没有聚焦小的问题点，有可能你的论题最终只是泛泛而谈，拾人牙慧，缺乏针对性。因此，解决这个问题就需要对研究对象进行解剖，运用一定的选题思维策略。

总之，选题思维策略主要是对研究对象中的各个因素进行剖析处理，思考其内部、外部以及两方面间的关系，从中发现潜在的可研究的对象，进而提出新的问题。

二、选题思维策略的类型

思维方式就如人一般千变万化，也如人一般有共性。选题思维策略众多，本文主要介绍其中的四种，具体内容如下。

（一）对立思维策略

对立思维策略主要指教师从教育教学中现有的理论、观点以及日常现象的相反面来思考，质疑它们的合理性，寻找合理的缺口来进行研究。这种策略颠覆性较强，挑战性大。例如，之前一段时间，一部分教师认为公开课就是“演戏”“作秀”，没有什么实质的效果。但也有教师为公开课点赞，认为公开课能为教师的教育教学提供新观念、新思路、新参考，也促进了教师的成长，同时，认为要善待公开课中存在的问题，要给予其正确的引导和评价。

一线教师日常教育教学活动的重复性，使得我们对一些重复的、相似的现象、行为习以为常，甚至麻木。这时运用对立思维策略能很好地刺激教师质疑、反思自己的教学活动，从中提出自己的选题。值得注意的是，对立思维策略不是无理取闹、天马行空，而是有理有据，合乎事实，合乎科学。

（二）逆向思维策略

世间众多事物间都是相互联系、相互作用的。由于个人经验、原有观念的局限等，人们认识事物常常是由此及彼的、单向度的。那么在选题时，我们就可以反方向、由彼及此地去思考教育教学中的现象，从中获取新发现、新问题、新选题。

例如一线教师的教学，狭义的理解就是教师的教与学生的学。以前，人们大都认为教师的教占决定性的地位，学生只是“空白”性地跟着教师教的学。但在实际的教学中，教师是“以学定教”，根据学生的实际情况来教，根据学生的学习思维来教。正如教师教，知学之困；学生学，知教之不足。教师与学生是相互作用的，而非单向的。据此，我们不仅要会由此及彼地去认识教育教学，也要由彼及此地去思考教育教学中的相关行为。或许也可思考“互联网+”与课堂教学之间的关系，目前很多文章写“互联网+”对课堂教学的影响，也可以思考我国目前的课堂教学对“互联网+”的真正需求是什么，传统课堂教学对“互联网+教育”的影响等。

（三）类比思维策略

类比思维策略简单来说就是求同存异，主要为将一个事件与另一类相同、相似或不同的事件进行比较、分析，在异同中寻找新的选题。这类策略的使用需要进行知识的迁移、学以致用、活学活用、概括分析。类比思维策略常用的是横向类比和纵向类比。

第一，横向类比。横向类比又可细分为两类。一类是跨学科研究，这类目前运用较为广泛,即运用其他学科领域的新理论、新方法等来分析日常教学行为,从而得出关于教育教学的新认识。如《现象学视角下的学习:一种新的面向和可能》[①]一文,从现象学尤其是身体现象学的视角来分析学校里的"学习",学校里的"学习"是基于身体的学习,在具体情境中的转换学习,具有向他性和在他性、主动性和被动性。要注意的是,运用这种跨学科研究的横向类比策略,要谨防丧失教育教学立场,简单地套用其他学科的概念、观念、方法等。另一类是将日常生活中的一些方法、道理等与教育教学灵活巧妙地联系在一起,将人们通俗易懂的、自己熟知的生活认识迁移到教育教学中,从中可能得到不一样的选题。例如广州韩老师的电影欣赏课,他将人们喜欢看图像的经验与语文相关知识相结合,将大家熟知且喜欢的电影引进语文课堂教学,通过电影来进行教学和研究,形成新的语文课题。

第二,纵向类比。其表现为对历史上前后出现的相同、相似事件进行比较分析,然后再求同、求异、求启示等。跟教育紧密相关的课程改革,我国在历史上进行了多次的课程改革,可据此分析我国历次课程改革的差异以及前者对后者在实施过程等方面的借鉴意义,如20世纪舒新城提出的一定程度上存在的"戴高帽"、忽视实际的中国教育改革问题,是否还对现今的教育教学有借鉴,这值得思考。对他国历次的新课程改革进行纵向分析也可以。因此,中小学一线教师可以拓宽教育史的知识面,以史为鉴,与当前的教育理论与实践进行纵向类比,增加研究的深度,发现新问题。

① 彭杰.现象学视角下的学习:一种新的面向和可能[J].华东师范大学学报(教育科学版),2020(2):103-113.

(四)聚类思维策略

聚类思维策略即化零为整,将多个零散的、局部的教育教学行为整合为一类,从而对这一类教育教学行为进行研究,分析其内在的机理。可将学生答非所问、学生沉默、学生上课状态不佳(除偶发状况外)等教学现象整合为"教学意外事件",进行聚类研究,从中获取教学的新知识。也可将做作业时学生睡觉、学生有实力却做不完、学生超前完成的情况整合为"学生作业的时间调控",进行聚类分析,获取学生作业相关方面的信息。

在日常教学中,中小学一线教师常会就事论事,把事情拆开来处理,缺乏聚类意识,不善于将琐碎的教学事件进行聚合,不善于将相关的教育经验串联起来。如果中小学教师将选题从具体的现象中抽象出来,从具体的教学事件中拔高起来,从中寻找事件中的内在联系进而再聚合,把握这类教学事件的本质,并从中分析这类教学事件中哪一件对聚合的整体类型影响最大,这些教学事件之间又有什么联系,从而站在高一层次的平台上,俯瞰性地思考教育教学行为,就能从中获取新发现,从而找到适合自己的选题。

第四节 选题的主要方法

以上介绍的是选题的思维策略，具有抽象性，进行具体的选题时，需要操作性较强的方法。选题的主要方法受教师自身对科研的追求、敏感度和热爱，以及课题的来源及研究方向等因素影响。故实际上选择课题的方法多种多样，大多都离不开用心。本书介绍教育科学研究者在选择课题时常用的四种方法。

一、立足教师实践法

选题不能只是拍拍脑袋，凭空所想去选，要立足于自己的教学实践去选，才能选出自己得心应手且有意义的论题。然而，一部分教师可能会出现这种情况：一看杂志期刊上的教育教学科研论文，觉得自己的所思所想都被别人写了，自己没什么可写的，于是就放弃动笔。教师千千万万，没有哪两位教师的想法是完全一样的。

选题时可以从自身教育教学困境中寻找问题，比如教师的教育理念、教学方法与现今的教育教学要求不一致，自身的教育教学观念、方式与同行的以及新一代学生的学习方式有差别等。也可从具体的教育教学情境中寻找，如目前手机在学校内大量存在，即使上交了、没收了，学生总有办法再弄一部，对于学生在学校使用手机的情况你有什么看法，手机对学生在校学习是否可以发挥好的作用等。还可从自己侃侃而谈或者自己“另类”的教学看法、教学经验中来发现论题。如一位想发表论文却觉得没什么可写（话都被别人说了）的教师，在与同僚谈到中学生应该写诗这一问题时，非常有自己的见解和感触，于是，听者就说“你就可以写这方面的论文去发表，我很少看到这方面的文章”，他听后，结合语文教育的基本原理，阐述了自己关于中学生应该学诗写诗的观点，并成功将其发表了。可见，我们日常的教育教学实践中蕴藏着丰富的教研信息，可能就藏在与同事、学生的谈话中以及困惑、“不满”之中等，把目光集中到这些方面，将会获得有价值的选题。

二、追踪热点问题法

除探索上述我们一线教师熟悉的领域外，选题还可紧跟“时代热点”。所谓热点问题就是教育领域中关注度比较高的问题，选这样的论题易被重视，也易发表。想要成为一个科研意识较强的人，就要善于把握重点，抓住热点，确立一些新的课题，才会出成果。追踪热点问题可以从以下三个层次入手。

一是可关注学术争鸣方面。学术界中的理论性争辩，看似与一线教师没有多大关系，但教师们的实践活动与学术界的某些理论息息相关，其常常引导着教师的教育教学活动。适度地参与学术界的探讨，有助于我们一线教师更好地深入理解教育教学中的实际问题。如21世纪，有关“实践反思”“教师的实践性知识”“核心素养”“学科核心素养”等方面的研究和探索在一定程度上成为教育领域中新的理论热点，教师可以结合自己的教学实践反思和经验，参与其中。

二是可关注国家教育教学相关政策方面。国家关于中小学教育的相关政策能引起各个领域的高度关注，尤其是教育领域中的人员。作为身处国家教育教学一线的教师，我们更应该关注和参与。比如近年来的"立德树人""核心素养""校园安全"以及"新一轮课改"等方面的讨论，社会参与度较广，也是近年来教育研究的热门话题，作为一线教师，我们有很多亲身实践的困惑、成就、思考，而这些就可作为我们选题的范围，并且也十分有价值。

三是可关注课改落实的重点和难点。课改的落实关乎我们每一位一线教师，而每一次课改都有自己的重点和难点，且在逐渐地深入。课程改革落实到具体的教育教学实践中，由于各种原因，总会出现一些新问题、新情况，或者存在老问题新现象、"老顽固"，这些就是一线教师大有可为的选题。如有效教学的方法、"教—学—评"的一致性、学生的身心健康发展等，这些都是一线教师可思考的选题。追踪热点来选题，追得准、追得好，不失为一种机智的选题方法。

三、巧用选题指南法

为弥补中小学教师的科研短板，各级教育部门几乎每年都会定期或不定期地公布一些适合中小学教师进行教育科研的课题指南。我们中小学的一线教师完全可以乘坐这趟便车，综合自身的主客观条件，可团队作战，也可孤军深入从中选题，创作属于自己的科研作品。

上级教育科研部门或管理部门对教育科学研究课题都有所规划，诸如"全国教育科学'十四五'规划重点课题""重庆教育科学'十四五'规划课题指南"等，这些课题对于一线教师来说可能太大，无法操作，但我们可以从中选择自己感兴趣的大方向，结合自己的具体工作，将其细化为一个或者多个自己能操作的小课题。另外，大部分期刊会在每年的第一期通知该期刊在这一年内征稿的重点课题范围，或者会通知在这段时间内急需什么课题的论文，教师可以根据自己感兴趣的科研大方向去查看相关的期刊，进而结合自己的实际情况选择研究课题。总之，主动地搜索选题指南，明确自己选题的方向，是一种不可忽视的选题方式，有利于提高自己选题的关注度，也有利于自己科研论文的发表。

四、反思教育理论法

在科研过程中有时容易出现众人追热点的现象，大家都倾向于研究当前形势所需要的，这就会导致科研中的冷点、空白、盲目的现象，而这些地方正是有心人有所作为的地方。

比如科研冷点。就拿20世纪红极一时的目标教学法来说，现在在学术界似乎已随风消散了，但在实际的教育教学中，我们还可进一步思索。目前，不管是何种新的教学理念，要渗透到课堂教学中，都需要通过教学目标来实现，因此可以思考在最新教育背景下如何深化和发展目标教学理论，如何使最新的教育理念内化到目标教学中，等等。某研究者曾将“冷”的目标教学与“热”的素质教育相结合，探讨如何在实施素质教育过程中深化目标教学，最终成功发表在我国权威的教育期刊《教育研究》上。

再如科研空白。每个人认识问题时或多或少都会有一点局限性，科研也是如此，于是就会出现一定的空白，而这可能就是自身选题的关键。比如，针对重庆人学普通话难的问题，许多教师都会集中去研究重庆人学普通话应如何掌握方法这一课题，并总结出了学普通话的一些方法，这种研究领先者会有所收获，而追随者只能人云亦云。然而，换一个思路，将重庆话与普通话对应起来，先分析重庆话的语音特征，然后再将其与普通话进行一一比较，从而找出两者的区别进而解决，这个区别、解决就是选题的起点。换句话说，大部分人的思维方向是从事物A到事物B，反之对从事物B到事物A或者两者之间的联系等研究较少，那么后者就是选题的入手之处。

再来谈谈科研盲目。当人们对高度关注的新理念、新方法都很推崇的时候，不妨冷静下来想一想，这个新理念、新方法是否适合自身所处的实际情况，是否能达到预期目标，如果实现的效果与之前的理论方法产生的效果一样，那么新的理念方法到底新在哪里，是否还有必要去替代之前的，等等。总之，对关注度高的新教育理论方法要学会从多角度多方向去思考，得到自己的见解，而非人云亦云。

总之，条条大路通罗马，上述选题方法的介绍也只是起到抛砖引玉的作用。借此希望广大的教师能找寻到自己的科研之路，更进一层楼。

第五节 选题的范围

教育领域的选题范围非常广泛，不管是课程、教材、教法、学法、评价等层面，还是国家、学校、教师、学生层面，或是跨学科研究等，从中入手都可谓大海捞针。对于个体来说，综合自身的主客观因素，还是有所局限的。就中小学一线教师而言，一般限定在以下范围。

一、课程与教材研究

本文所说的课程是小课程，包含在教学范畴里面。课程与教材的研究主要涉及“教什么”和“学什么”的问题，这是中小学教师比较熟悉和擅长的领域。但是随着课程改革的推进，会给一线教师开展教学研究开辟新的内容，提出更高更新的要求，教师就可以围绕这些进行教育科研。如在新课程实施过程中教师应该树立的课程理念，理性科学至上还是感性理解至上，关注学生生活与学科内容的结合是偏重其一还是综合全面的，如何建立恰当的、合理的校本课程，综合实践活动课程如何恰当地开展，不同的学科学段如何采用恰当的课程结构，不同学科、不同知识内容如何采用合适的课程类型，以及所教学科的精神和灵魂是什么，等等。

另外，还有教材内容的选取，教材内容的再次开发与创作，教材内容理解的关键点，教材内容的排列，等等。课程与教材研究看似是教师不好出力的地方，但其中的困惑、亮点、独特之处很可能就是选题的重要入口。

二、教学理论与方法研究

在一线的教学活动中，教学主要关注的是学生的学习内容、学习收获，教师的教学方法、教学内容以及“教—学—评”的一致性等问题，而这些问题就是教学理论与方法研究的主要内容。随着学生的变化、教育的改革、社会的新需求，一直会出现新的问题。因此，围绕着教师自身的基本功，在新变化下教师可以选取不同的问题。如怎样教的问题一直是教师十分关注的，而这一问题与学习内容、学生水平、教学评价相关。这些问题都是教师要关注，也是教师可以大有作为的选题方向。如随着核心素养的提出，你认为你所教学科所教学段的教学核心是什么？“立德树人”如何浸润你所教的学科？不同的学生如何平等且个性化学习？各学段的学习内容如何更好地联系与进阶？如何提高学习内容的情境性与迁移性？课堂回答与反馈情况如何？等等。这些看似很小的问题都值得教师去思考、去研究。

三、教师教育研究

作为一线教师的我们，不要忘了自身的发展研究。除上述选题范围之外，教师自身的研究也是我们进行科研选题的一个重要范围。因为教师自己才更清楚了解自身需要什么、自身的困惑是什么、自身的不足是什么等，因此教师可以就这些方面探讨自己的教育研究方向。如每一节课的意义是什么，学科和课程的顶层设计是什么，教师与学生间的关系把握如何，以及跟自身密切相关的教师继续学习平台与需求是什么，教师评价制度的应然与实然研究方向，等等。教师教育不仅有上级关心的方面，也有教师自身十分注重的层面，毕竟这关系到教师的饭碗。因此，在教师教育过程中，教师自身的困惑、心得、需求就很有可能打开科研的大门，进而展开研究。

提升教师的科研能力素养，需要一线教师对教育教学的研究具有相当的宽度、深度、敏感度。因此，在教育科研选题的路上，研究者要不断地提高自己问问题的能力、科学的洞察力和严密的逻辑思维能力。简言之，教育科研者应是一个教育教学上的有心人，用心观察、用心总结、用心反思、用心实践。

第四章 教育科研论文材料的搜集与积累

●○撰写教育科研论文，第一步工作就是选题。确定研究主题也是整个论文写作中最关键的一步。在选题时我们经常会遇到选题过于宽泛、不够新颖等问题。其实，通常我们最初的选题只是一个大概、粗略的研究方向或研究范围，在查阅分析材料的基础上回顾已有研究，进行深思熟虑后才能不断细化和聚焦，直到敲定研究主题。在后续的研究及写作的过程中，材料都发挥着关键的作用，引用材料作为论文的具体内容，能够体现和支撑论点。材料的搜集与积累贯穿整个教育科研论文写作的始终。接下来，就让我们一同“上穷碧落下黄泉”，拿出勇气和决心，使出浑身解数搜集和积累材料吧！

第一节 材料的含义与分类

材料在教育科研论文的写作中起着关键作用，是论文中必不可缺的一部分。没有材料的支撑，研究者就会陷入“巧妇难为无米之炊”的困境。若只有干巴巴的几条论点，就好像修建楼房只有钢筋没有混凝土一样，是无法建成高楼大厦的。科学合理运用材料，才能保证撰写出的教育科研论文既充分又必要、既真实又准确、既典型又新颖。

一、材料的含义、地位和作用

(一)材料的含义

有学者认为凡用来提炼、表现主题的事物和观念都可称之为论文写作的材料。它不仅指用于具体论文写作中的材料，也指论文写作前搜集和积累的材料。它的范围极为宽泛，世上万物以及人们的各种观念都有可能成为论文写作的材料。[①]简单来说，材料是作者根据写作目的，搜集整理、积累运用在文章中，用以体现论文主旨与作者思想观点的客观事

① 王光祖，杨荫浒.写作[M].上海:华东师范大学出版社，1999:29-32.

实、理论依据、数据等。一般而言,材料可分为素材和题材两类。素材是作者通过观察、体验和感悟等多种方式,从生活中直接获取、搜集和积累,且尚未经过取舍、处理、加工的原始材料;题材是作者通过筛选、提炼、加工、组合并写入论文中,用以表现主题的材料。

(二)材料的地位和作用

一篇好的教育科研论文不仅有清晰的主题,还要有强有力的支撑材料,两者缺一不可。一方面,材料作为文章中的具体内容,能够体现和支撑论文主题;另一方面,读者通过材料能够领会到作者想表达的观点或看法,这也是作者运用材料的最终目的所在。正如何其芳老师提到的:“我们做研究工作,不应当只是重复前人的结论,总要努力去发现新的问题,解决新的问题。问题的发现和解决的线索也总是存在于材料之中。我们占有了相当数量的材料,然后才能够指导我们的研究题目的范围内有哪些问题前人还没有解决,才可能发现甚至前人不曾提出过的问题。我们又围绕这些问题占有了更大数量的材料,然后才可能看清楚问题的关键在哪里,才可能找到问题的正确的答案。”[①]

其实,早在确定教育科研论文的选题时,就离不开作者自身参与实践获取的和已有的材料。在进行研究与撰写论文的过程中,材料的作用和地位就更加明显了。作为构成文章内容的具体要素,材料在阐明观点、论证观点、形成结论的过程中尤为重要。有的教育科研文章材料缺乏,短短几百字,列出几条干巴巴的论点,导致论证过程空洞乏力,结论也自然而然难以让人信服。所以,我们必须要意识到材料在教育科研论文创作中的重要意义。也就是说,教育研究应该最大限度地利用各种途径,尽可能搜集、获取与研究主题相关的各种材料。在大量的材料的基

① 中国社会科学院科研局.何其芳集[M].北京:中国社会科学出版社,2004:364.

础上进行的归纳总结有助于提高研究的效度,使研究具有更广泛的适应性和更强的说服力。

二、材料的来源

马克思揭示了人类社会的发展规律,即社会存在决定社会意识,社会意识反作用于社会存在。教育科研论文是对教育中客观存在的现象或教育问题进行研究,并将研究成果书面化的文章体裁。所以,教育科研论文材料最直接的来源肯定是日常生活和教学实践。但是,单凭我们自身的精力与能力从生活和实践中获取的材料往往难以满足撰写教育科研论文的需要。因此,我们还需要从他人处获得所需要的材料。概括而言,材料的来源分为直接和间接两类。教师教学的真实案例、对学生进行管理和听课的过程中积累的经验等教学常规活动中自己的收获和感想,以及从开展的社会调查中得到的数据材料是教师通过自身教育教学与调查实践直接获取的。而间接来源主要就是自身以外的渠道。

三、材料的分类

(一)根据材料的来源划分

根据来源或获取方式对材料进行分类,可划分为三类:直接材料、间接材料和发展材料——个人思考记录。

1. 直接材料

顾名思义,直接材料就是教育科学研究者从自身的教育教学经历中获取的鲜活材料,包括在实验、观察、调查和教学的过程中所产生或取得的材料。因为是研究者亲身获取的，所以其具有可信度、有效度较高的特点。随着社会数据的长期积累和定量研究方法在社会科学研究中变得日益重要和普遍，实证型的教育论文凭借清晰直观等特点受到越来越多的教师青睐。实证型的教育论文尤为需要研究者通过调查、访谈等亲身实践去获取真实可信的第一手材料。任何事物都有两面性，在重视这类活生生的材料时，也要保证这类材料的准确性，不能为了撰写并发表教育科研论文的需要，就人为地修改材料，切记不要让第一手材料失去了自身的纯洁和本真。

2.间接材料

间接材料是通过阅读和学习从他人处获取或者从文献资料中获得的材料。通过阅读书籍、报刊以及网络渠道往往能获取大量的信息。教育科研中的间接材料主要包括著名教育家的相关论述、经典教育理论、他人的成果，以及国家或世界性组织的教育政策和教育方针等方面。间接材料在教育科学研究中也是不可缺少的。1675年，牛顿在致胡克的信中说："如果说我看得比别人更远些，那是因为我站在巨人的肩膀上。"这句话告诉我们站在巨人的肩膀上能眺望得更远，教育科学研究也不例外，科学研究总是建立在前人的研究基础之上的。间接材料在教育科学论文的撰写中至关重要。例如：经典教育理论和教育论述为论文提供理论基础；国家或世界性组织的教育政策与教育方针为教育研究指明研究方向，充实研究背景，等等。需要强调的是，在运用间接材料时要遵守学术规范、尊重他人劳动成果，并标注引用出处。

3.发展材料——个人思考记录

发展材料是研究者对材料的所思所想或者"感悟记录"。不论是直接材料还是间接材料，在获取材料后通过浏览、阅读都会产生一些感悟或体会，特别是对一些间接材料的思考。由于直接材料通常是研究者带着某种明确的目的去收集的，所以其与主题的关联性很强，但往往数量有限。而间接材料数量多、范围广，也就意味着在获取间接材料时研究者需要进行更多的思考。这种思考是材料获得者取得材料后，通过思维的摩擦与碰撞，对材料进行的判断、归纳、分析。此时研究者要多问几个为什么，思考获取的材料是否与主题相关、从逻辑上能否说得通、对材料要进行何种处理、是否能够放入论文中支撑观点等。不管是对原材料持有"肯定"还是"否定"的态度，作出了什么样的思考，都应该将自己的观点、想法等"感悟"都记录下来。这种"感悟"属于研究者的个人发现，包括研究者自己的观点和逻辑思维方式。发展材料是不同于直接材料和间接材料的，常常是别人所没有的。当然，这类材料的独特性也要求我们要把自己的所思所想和突然的闪念及时记录下来，否则一些颇具价值的想法就稍纵即逝了，未免让人惋惜。

（二）根据材料的性质划分

从材料的性质角度对材料进行分类，可分为理论材料和事实材料两类。

1.理论材料

理论材料，又名思想材料、理论依据等。这类材料主要来自于前人总结出来、经过历史检验和时间证明的，具有一定影响和权威、受到社会大众或学界普遍认可的道理、原则、观点等，主要包含名人名言、法律法规、定理公理等部分。理论材料能够为论文主旨观点提供强有力的支撑，规避了空洞表达。同时，这类材料也常常是科学研究的新起点与立论的理论依据。例如：在教育科研论文中要表达教师教书育人的职责时，如果作者只是简单地阐述一下"教师不仅要承担教书的职责，而且更要育人"可能就会显得比较单薄，在这个时候加上我国唐朝有名的思想家、哲学家——韩愈先生“古之学者必有师。师者,所以传道授业解惑也”的名句佐证自己的观点,就会使文章更具说服性。

2.事实材料

事实材料,又被称为实证材料,指来自于社会生活与社会实践中的事实和结果,还有科技实验与社会调查所获取的材料,主要包括人、事、物三个方面。它可以分为具体事实与数据统计两类。俗话说:“事实胜于雄辩。”这句话清晰地表明了事实材料的地位,事实材料是最具说服力的。举一个例子,如果教师正在研究一种新型教学方法的实施效果,那么必然需要事实材料的支撑。否则写出来的论文就会遭到大众以及学者的质疑。实施效果好不好口说无凭,必须要通过亲身的教育试验,或者已有的教育试验,抑或是展开相关的教育调查进行检验。总之,要用事实说话。

(三)根据材料与文章主题的关系划分

从材料与文章主题关系的角度对材料进行划分,主要可以分为正面材料和反面材料两类。

1.正面材料

正面材料,指的是与论文主题、表明的观点或思想在性质上相一致,能够支撑作者赞成或认可的观点的材料。正面材料作为作者阐述论点、奠定思想基础的依据,能够直接地揭示主旨、阐明观点。对正面材料的引用可以强化论文主题,增强文章的说服力。

2.反面材料

反面材料,指的是与论文主题、表明的观点或思想在性质上相对立,论证作者要揭露、批评、反对的问题或现象的材料。反面材料通常是被社会所否定,与主流价值观相反的人物、事件、谬论或谣言等。从反面选取材料，不仅会使读者眼前一亮，印象深刻，更能够使立论更加坚实。同时，反面材料与正面材料的结合使用，有利于展现研究者看待思考问题的全面性和严谨性，在一定程度上提高了文章的科学性和信服力。

第二节 材料的搜集与积累

材料是论文中不可缺少的重要元素，搜集与积累材料的工作显得至关重要。在搜集、积累材料时，要在客观性原则、充分性原则、创新性原则和典型性原则的指导下，通过日常的教学、听课教研等活动，亲身进行观察、调查和访问以及通过阅读文献等多种渠道，尽可能搜集并阅读资料，推动研究及论文撰写的顺利开展。

一、材料搜集的原则

前已述及，材料是学术研究的重要基础。教育研究属于人文社会科学研究的一种，大多数都依靠材料。有学者讲："写论文就是资料运动，运动资料而已。写论文写书没有诀窍，我是从资料堆里走出来的。"①因此，科学地积累和运用材料，在很大程度上推动了教育科研论文的成功。在大数据时代，我们能够通过手机、电脑、平板等多种智能设备获取多种多样的信息，但这并不意味着"放进篮子就是菜"。要想在有限的时间内科学获取材料，为文章增光添彩，必须遵循客观性、充分性、创新性和典型性四个原则。

① 李福林，朱若茜．论文写作导论［M］．北京：海洋出版社，1993：60-62.

(一)客观性原则

从哲学角度可将“客观性”解读为事物不受主观思想或意识的影响、不以人的意志为转移而独立存在的性质。客观与主观相对,简单来说,就是不以个人意志为转移、不掺杂个人主观。也就是说,我们在搜集材料时,必须要保证材料的真实可信,要符合客观事实,来不得半点虚假。很多教育科研论文中都会加入一些教学实例,发生的时间和地点、学生的反应、教学效果等诸多要素都须逐一核实,必须真实而准确。为了保证材料的客观性,研究者应该本着负责的态度,细致观察、深入调查、认真核对。在客观性方面,马克思、恩格斯和列宁等都是我们学习的榜样。列宁夫人克鲁普斯卡娅曾在《向列宁学习工作方法》中提到列宁在工作中的一些方法:“列宁并不靠自己的记忆,虽然他的记忆是很好的。他从不凭记忆‘大致不差地’来叙述事实,他叙述事实是极确切的。”“他对地方自治局统计材料的研究及整理作过很多的工作。在他笔记簿里仔细地写很多的统计表。涉及有巨大意义和巨大比重的数字时,他连已公布的数字表的总计也加以检查。仔细地检查每一事实,每一数字,是他始终用的方法。他的结论都是根据事实来作的。”[①]足见列宁严谨的工作作风。在教育研究中,我们同样需要严谨的研究态度。当下在大数据的背景下,实证研究掀起了热潮。许多教育科研论文开始用一些调查得来的数据材料支撑文章的论点,这当然是清晰直观、简洁明了的。但是,也有一些研究者将“数据”视为“任人打扮的小姑娘”,为了使自己的研究更有说服力,甚至进行数据造假,这是万万不可取的。我们一定要把握材料的主要内容,忠实于材料,不掐头去尾,也不歪曲原意,并且要注意避免文字的差错,求真去伪,不能让材料失去了真实可信的本质。

---

① 胡国光.论写作材料的获取与选择[J].浙江师大学报(社会科学版),1998(3):115-117.

(二)充分性原则

所谓“充分”,即充足、足够。搜集、积累资料,贵在全面、充足。也就是说,我们搜集材料时不仅要有直接材料也要有间接材料,要有正面材料也要有反面材料,要有理论材料也要有事实材料。教育研究者尤其容易走进只有正面材料才能“为我所用”的误区,其实不然,往往是一些反面材料促使研究者去反驳其所表明的观点,从而启发研究者提出或完善自己的观点和论证。这样的有破有立,能够增强论文的说服力。

正因如此,我国有名的哲学史专家张岱年教授曾说:“在选定论题之后,就要对于从古至今有关这个问题的资料进行广泛的考察:有时对于间接有关的材料,也要加以调查。”他把掌握关于某一问题的全部资料的方法,比喻为“竭泽而渔”,认为只有下足“竭泽而渔”的功夫,写出的论文才有坚实的基础,才不易被驳倒,才会有学术价值。[①]依据张岱年先生“竭泽而渔”的方法,我们在开展教育科研,撰写教育科研论文时,必须把与选题相关的全部材料认真翻阅,如果数量太多,最起码要将具有代表性的资料都一一浏览。否则,该项课题研究的结论、论文的观点就难免出问题。科学的发展是一个不断积累、不断创新的过程,教育研究同其他的人文社会科学的研究一样也具有很强的继承性。要真正去研究教育领域的问题,首先必须对教育学这个学科的历史沿革有一个清晰系统的了解,其次还要聚焦到研究问题上,从相关材料中了解已有的研究现状,才能在研究中做到“接着讲”相关主题的故事,而不是“从头讲”。鲁迅先生在创作《中国小说史略》一书时,从搜集资料到成书花了整整二十年的时间,他不仅阅读了中国历代小说版本,而且搜集了两千多年来亡佚的小说,编纂成《唐宋传奇集》《小说旧闻钞》《古今小说钩沉》三本资料集,做过六千余张卡

① 王力,朱光潜.怎样写学术论文[M].北京:北京大学出版社,1981:49-50.

片。正是由于搜集的材料充分，才使得《中国小说史略》提出了许多独到的见解、科学可靠的论断，长期为学者们所研读和引用。正是这些充足的研究资料，为先哲们的经典作品奠定了坚实的基础。

（三）创新性原则

“创新”是近年来各个领域都在广泛涉及并提倡的一个词。所谓创新，一是指创立或创造新的；二是指首先。不论是任何一个领域、学科的论文，创新都是文章的灵魂，是论文价值的最重要体现。搜集材料的创新性原则可以从两个层面理解。首先，创新可以是搜阅一些新的材料；其次，从不同的视角对一些已有的材料进行新解读也是一种创新。由于计算机、网络等的出现，我们在这些先进技术条件的支持下，搜阅、积累资料非常方便快捷。尤其是中国知网、万方、维普等知识服务网站为我们快速全面搜集到自己需要的书籍报纸、期刊论文等各种文献材料提供了便利。但是，如此便捷的途径也让我们增加了一些惰性，导致研究者缺乏对新材料的探求热情，很多人做研究、写文章有畏难情绪，为了图方便，就主要利用网络搜寻现成的材料。当这种惰性和畏难情绪出现时，研究者要克服这些负面影响，竭尽全力去获取一些新材料，或者跳出自己的“思维定式”，力求以新角度去看待旧材料。发掘新材料可以推进前人的研究，取得突破性的研究成果。以“乐府的出现时间”为例，根据各种历史方面书籍的记载和学界的普遍认识，都认为“汉代始立乐府”，而陕西师范大学的寇效信教授根据秦始皇陵出土的秦代编钟上对于“乐府”的记载，运用历史文献与出土文物的综合论证，证明了秦代已有乐府，推翻了流行千余年的错误结论。[①]当前还应该特别强调的是，在信息

① 寇效信.秦汉乐府考略——由秦始皇陵出土的秦乐府编钟谈起[J].陕西师大学报（哲学社会科学版），1978(1)：35-37.

爆炸时代我们搜集到的大多数都是第二手、第三手甚至更多手的材料，相比之下，也凸显出了第一手材料的重要性。从教育教学实践中挖掘并占有第一手材料，运用新的材料探究教育问题，是研究创新性的重要保障。教育活动具有特殊性，每个学生都是独特的个体，因而不能用千篇一律的理论或是定理，抑或是历史年代感久远的一些材料将学生牢牢困在其中。研究者不妨在已有的理论依据的支撑下，重视教育调查研究，亲自对研究对象进行观察、实验或调查，从而获得属于自己的独一无二的研究材料。

（四）典型性原则

所谓“典型”，是指个性反映共性的程度。典型性原则多运用于指导搜集材料后的筛选处理工作。诚然，材料是教育科研论文内容的重要构成，因而许多教育研究者容易走进“材料越多越好”的误区，但是材料不是越多越好。在选取材料的过程中要充分考虑其典型性，要选择最能反映本质特点、最直接的、最具说服力的典型材料，真正做到运用的材料都是充分而必要的。要保证选取的材料都是极具代表性的，研究者要做到以下两个方面。第一，明确主题。材料浩如烟海，要有明确的目标，否则就是把自己淹没在一堆材料中，反而陷入事倍功半的困境。教育研究者要按照研究的方向和主题去寻找材料，如果与主题相关的材料并不是很充分，那就退而求其次，可以把范围扩大到与主题相关度较高的另一些主题，在这些范围内去整理搜集关联密切且必要的材料。第二，典型排序。将搜集到的材料依据其具有的代表性排序，越能揭示本质、代表中心论点的材料排在越前面。在文章的写作阶段，根据材料的排序，选取最为典型的材料。有代表性的材料能够达到以一当十、事半功倍的效果。著名作家魏巍在朝鲜看见和听闻了无数个战斗英雄事迹，但最后在

《谁是最可爱的人》中只选用了三个最典型的例子。他在《我怎样写〈谁是最可爱的人〉》一文中说:“我曾写了一篇《自豪吧,祖国》的通讯,里边写了二十多个我认为最生动的例子。”毋庸置疑的是这二十多个例子都是魏巍认为能表现主题的好材料,可是他说:“以后写《谁是最可爱的人》就只选了几个例子,写完后又删掉了两个。”[①]这样就只剩下三个最典型的材料了。这样的精益求精,也成就了《谁是最可爱的人》,不仅刊登在《人民日版》头版,还被翻译成多种文字,成为了闻名世界的佳作。

二、材料搜集的途径

教育科研论文材料的来源主要有直接来源和间接来源两种。在此基础上,教师可以从自身的教育教学实践和他人的实践经验中获取材料。而且,通过观察、调查或实验等实证研究取向的研究方法可获得直接材料。除此之外,教师还可以通过日常的阅读和学习,大量阅读文献资料,形成自己的材料仓库。

(一)处处留心皆学问,关注教学细微处

首先,教学过程的第一步是备课。在备课的过程中,教师要了解学生的学习情况、发展能力、个性特征,还要钻研教材教法,根据课表要求设计教案。许多教师都不重视备课这个环节,对于教案也是极其敷衍,每次都是等到学校要检查教案时,才匆匆从网上东拼西凑出一份教案。诚然,我们应该用认真负责的态度去备好每一节课,并形成备课笔记,这本笔记里包括了整个备课的思路、学生们的变化、对课标的理解、对教材的解读等内容。然后,便是授课的环节,当前授课以班级授课制为主,这

① 魏巍.我怎样写《谁是最可爱的人》[N].人民日报,1951-08-19(3).

种面对面的教学,师生互动频繁,情感交流充沛,教师能够更直接地观察学生的反应。当然现在随着网络的发展,在线教学也进入人们的视野。在线教学能够弥补课堂教学的一些不足,但是在师生交流等方面则略显不足。新型冠状病毒感染疫情的发生,对教育教学活动产生了极大的影响,许多学校延迟开学。在教育部"停学不停课"的号召下,下至幼儿园、小学,上至大学,都在运用在线教学的方式。特别是在直播课的教学情境中,教师摇身一变成了"主播",不仅要教授教学内容,还要随时关注学生的提问,留意学生的学习状态。教师变"主播",对于教师来说是极其不容易的,更别说在授课过程中搜集相关的材料。再次,是教学反思的环节。这是教师从教育教学实践中获取材料的重要途径。在每堂课或每个单元的课程结束后,教师经过认真思考、总结经验、吸取教训、改进教学,将自己上课后的心得、学生的反馈以及需要改进之处记录下来形成反思笔记。还可以将授课时一些一闪而过的灵感、意想不到的发现都记录下来,在教育研究中大有裨益。其实,从这个意义上来看,教师每天都在进行着教育研究,关键在于教师是否是一个合格的教育研究者,能否做一个有心人。最重要的是端正态度,细心观察,就总会有不一样的发现。教师将教学过程中的现象、成功的经验或失败的教训、受到的启发等亲身体会或感悟都记载下来,这些素材经过整理归纳、综合分析后,不失为珍贵的第一手材料。

(二)三人行必有我师,从他人处获取材料

教育科学研究的主题是从课堂教学实践中生发出来的,绝大部分鲜活的材料也来源于教育教学活动。但是仅从自身的课堂教学中搜集整理相关材料略显单一,"三人行,必有我师焉",从他人处获取间接材料也是材料获取的重要渠道,尤其是从其他教师的课堂教学中常常能收获珍

贵的材料。听评课是教师取长补短、提高教学水平最有效的途径，也是获取材料的有效方式。教师在听评课的过程中要做到以下三个方面：第一，要提前规划并做好充分准备，如提前熟悉课程标准和教材，询问授课教师课程的性质和类型，对教师和学生的特征有大致了解；第二，听课过程中要及时记录和思考，除了普通的听课记录本上的内容外，更要把脑海中忽然闪现的想法、意见或建议记录下来，便于后续思考和交流；第三，听课后要有评价、有研究、有行动，把他人的长处、有价值的教学细节、值得学习的教学方法等及时记录下来。[①]当然，教师听课的课程类型也是多种多样的，可以是同一科目同一学校教师的课程，也可以是跨科目跨学校间的听课，或是省、市、区组织的公开课，抑或是全国、全世界的优秀教师的课程。网络的发展也为教师听课提供了便捷，即便是不能去现场听课，也可以在网上观看教学实录。但是有一点需要注意的是，有些教师就只是为了完成任务去听课，在听课时就是把授课教师的板书或者PPT的提纲当作听课笔记草草记录一下，还“装模作样”拿出手机拍几张照片。殊不知这种只重形式不重内容的行为既浪费了自己的时间和精力，还一无所得。除了听课这种常规的教学活动，学科教研会、名师工作坊、专家讲座、学术讲座等活动也为教师交流学习心得、分享教学经验等提供了机会。教师们要抓住这些来之不易的机会，获取信息，同时借鉴他人思考问题、解决问题的经典方法。刘勰认为“凡操千曲而后晓声，观千剑而后识器”。[②]做任何事情，没有一定的经验积累，就不会有很高的造诣。这也凸显了听课等形式对于教师，特别是新教师的重要性。这些学习笔记经过补充完善后，也是很好的一手材料。

① 赵红梅.新教师应通过“听评课”提高教学水平[J].中国教育学刊，2016(7)：108.

② 刘勰，范文澜.文心雕龙注[M].北京：人民文学出版社，1962：714.

(三)绝知此事要躬行,亲身考察找资料

在科学研究中,理论的方法(例如思辨的方法)能够起到理解、启示和预言的作用,经验的方法(例如实证的方法)可以为理论提供依据,甚至直接发现新的问题。这两种方法之间是互相渗透的关系。[①]因此,在教育学研究中,感悟和思辨可以帮助研究者形成理论观点。但若要将这些理论观点应用在真实的教育实践研究中,揭示出人类教与学行为中的各种关系,并对教育实践提供切实的理论指导,那么实证研究也是不可或缺的。[②]在教育改革不断深入的过程中,实证研究的价值取向受到越来越多的认可和赞同,也有更多的研究者开始意识到实证研究在教育研究中的重要地位。通过亲身观察、实验和调查,能够了解到当下教育教学的客观现实情况,探明教育现象背后的科学事实,从而作出科学合理的深入分析并形成具有操作性的建议。维特根斯坦曾经说过:"站立在光滑的冰面上,我们无法行走,如果想走,就回到粗糙的地面上吧。"[③]其实,维特根斯坦的这句话用来形容现在教育研究的困境也是很恰当的,一线教师不理解高校教育科研人员提出的教育理论,认为他们的研究是飘浮在空中没有落地的,可操作性也不强。其实,换个思路想,站在教学一线的中小学教师更容易"回到粗糙的地面上来",其具备更充分更便捷的条件开展实证研究,也更应该树立实证研究取向,在教育教学实践中获取第一手材料。

1.从观察中搜集

爱默生曾说:"细节在于观察,成功在于积累。"卡西尔也指出:"在我们对一个给定对象的科学描述中,我们是从大量的观察资料开始,这些

---

① 李孟楼.科学研究方法[M].北京:中国农业出版社,2009:249.

② 肖川.人文—社会学术研究中的感悟、思辨与实证[J].北京师范大学学报(社会科学版),2009(1):29-37.

③ 维特根斯坦.哲学研究[M].李步楼,译.北京:商务印书馆,2009:70.

观察资料初看起来只是各种孤立事实的松散聚集而已。但是我们越是继续进行下去,这些个别的现象也就越是趋向于呈现一种明确的形态并成为一个系统的整体。”[①]在教育领域中,教师同样要做一个有心人,有意识、有目的地对教育现象进行观察。这种观察不局限于学生,还包括其他的工作伙伴,要观察他们的一言一行,并随时记录、用心思考、见微知著,要尤为重视在观察中出现较大变化的对象。研究者在观察时要明确自己的观点和立场。因为没有一个观察是不带观点的观察。如果让两个老师在观摩同一节课后对课堂上发生的活动进行描述,我想没有哪两位教师的描述会一模一样,也不会有教师能够对课堂进行全方位的观察。在观察中,有的研究者侧重描述学生的性别,而不是学生的身高,也不是学生的年龄。提问学生的问题是作业的多少,而不是昨晚做了什么梦。就像最开始说观摩同一节课时,有人观察到的是走神的学生,有人观察到教师声情并茂的讲解,还有人观察到举了很多次手想要回答问题却没被老师注意的学生脸上失落的表情。这些观察点的不同是由于每个人的观点和立场不同,造成看到的现象、发问的重点都不同。教师要注意观点和立场不等同于主观臆断,要保证观察现象的真实可信,不能在未观察前就先入为主,而对要观察的对象作出判断和下结论。

2.从调查中搜集

与观察不同,教育调查主要是以“问—答”的形式考察被调查者的心理倾向和心理特征的方法。一般的教育调查主要由准备阶段、实施阶段和总结阶段构成,其中实施阶段是整个调查工作的核心环节,也是资料搜集积累的主要来源,调查的实施环节是整个调查工作的中心环节,也是资料搜集、积累的主要来源。在进行调查时,研究者要严格执行指导语,运用科学的工具,保证材料的客观性、可靠性和精确性。在总结阶

① 恩斯特·卡西尔.人论[M].甘阳,译.上海:上海译文出版社,1985:183.

段，第一步的工作就是对搜集到的材料进行处理，首先是考察材料的全面性、一致性和可靠性，若对材料的真实性有所怀疑，应该对此进行说明，如有必要还须再次调查；其次，对原材料进行归类重组，使其逻辑清晰、简洁明了。问卷调查法和访谈法是运用最多的调查方式。问卷调查法主要获取三种资料，第一种是事实信息，也称为背景信息、人口统计学信息，通常由年龄、性别、年级、家庭背景等方面构成；第二种是行为信息，例如学习策略、学业成绩等；第三种是态度信息，反映调查对象的观点、信念、兴趣、价值观、满意度、幸福感等方面。访谈法包含结构性访谈、半结构性访谈和非结构性访谈三类。在使用访谈法搜集资料时，一方面，在访问前要充分了解访问对象的主要情况和心理特征；另一方面，要拟定访谈提纲，然后要注意访谈的方式方法，访谈结束时要及时整理材料。

3.从实验中搜集

教育实验指的是在相关教育教学理论的指引下，主观控制或改变个别变量，继而论证教育教学元素之间因果关系的一种重要的教育研究办法。回望教育实验的发展历程，15世纪初维多里诺就开始了“快乐之家”教育实验，裴斯泰洛齐在伯格多夫创办幼儿学校，在学校开教育实验之先河。18世纪至19世纪，涌现出赫尔巴特、福禄贝尔、巴西多、欧文等一批创造性教学实践的代表性教育家。1905年，冯特、梅伊曼合办《教育实验学》标志着实验心理学的发展，使得教育实验日益成熟。当然，最著名的教育实验基地当属杜威的芝加哥实验学校，它是杜威教育理论的实验室。杜威教育实验的影响在美国从最初的小学后来扩展到了高中和大学，1933—1941年在美国开展的“八年研究”也是在杜威思想的影响下开展和推进的。当前，教育实验在教育科研中仍然占据着重要地位，特别是在教育改革中，许多地区会设立试点学校进行实验，也有许多学校开办实验班，许多教师在教育改革中运用新教学法、新教材。需要指出的是，进行教育实验，要经过严密的实验设计、不断总结改进，最终得到实验结果。在实验过程中要及时记录、整理所获取的信息，并对资料数据进行分析处理，在数据的基础上揭示变量之间的因果关系，并以此来肯定或否定实验假设，最终形成科学结论。

（四）问渠那得清如许，阅读文献资料来

前已述及，文献资料可以帮助研究者了解其感兴趣的选题已经有多少人研究了，研究到何种程度和地步了。探究已有研究现状，一方面能避免重复别人的研究，另一方面可以基于别人的研究向前深入，所以我们在写教育科研论文时，常常会有文献回顾（literature review）的部分。同时，我们既要正确认识文献资料在整个教育科研论文写作过程中的作用，也要清晰地认识到既有文献不是权威，只是一些有用的，抑或是错误的想法，而研究者在看到这些文献时，应该试着提出不同的想法。就像毕恒达老师曾说的："只要花时间去搜集资料，无论是历史资料、问卷或访谈，总会有结果，总是可以写报告，但是要有创新启发，就更不容易了；更怕的是'garbage in, garbage out'。"[①]

文献资料的范围是广泛的，包括了图书、连续出版物（如：期刊、报纸、年度出版物等）和特种文献（如：学位论文、会议文献、政府出版物等）。树立对文献资料的正确看法后，下一步要做的是了解怎样去搜寻到我们需要的文献。首先，要解决在哪里可以找到文献的问题。在生活中，主要有两条主要的途径帮助我们找到文献：在网络上搜寻、在实体空间（书店、图书馆等）搜寻。随着信息技术的发展，网络带给我们许许多多、方方面面的资讯，也对学术研究产生了莫大的助益。在空闲之时，亲自到图书馆或书店中漫游搜索，也会有一些意想不到的收获。图书馆都

① 毕恒达．教授为什么没告诉我［M］．北京：法律出版社，2007：3.

有导览系统,在输入书籍名称后会出现对应的索书号以及图书放置的位置,但多数时候我们在图书馆里都是漫无目的地“闲逛”,面对偌大的图书馆总有种无从下手的感觉。这时我们可以根据字母快速找到感兴趣的领域的书籍,每个学科领域都有其所对应的字母类别,例如教育类的书籍是G。其次,要解决如何找到我们需要的文献的问题。第一步建议寻找一些带有回顾、总结性质的文献,例如:综述类的文献、专业百科全书、年度回顾手册等。这些文献可以帮助教师对所研究问题有一个整体的认识,并对此研究问题的未来发展走向有大致的判断,进而深化、精确研究问题。在这里我们比较容易忽略的是篇幅较长的学位论文,但学位论文也是获取材料的重要文献来源。硕博士论文是许多研究者的教育科研生涯中耗费时间和精力最多的一个学术研究的成果,并且在学位论文中通常有一篇系统全面的文献综述,所以,阅读学位论文中的文献综述部分,有助于厘清研究问题的概念界定以及发展方向。找到文献后,不论是书籍或是论文,通常后面都有参考文献,通过这种滚雪球式的方式可以帮助我们快速找到更多的相关文献。

中小学教师的时间和精力有限,可能难以翻阅完所有相关的文献资料,或是通读全文。那么,如何才能在时间紧、任务重的情况下有效获取文献中的主要信息呢?首先,我们要对搜集到的文献进行筛选。筛选的指标有以下三个。第一,被引次数。文献被引用次数与该文献受认可程度和影响力成正比关系,所以要多关注被引次数多、学界普遍认可的、具有信服力的文献。还要关注此研究领域中的带头人的文献,比如:教师选定的主题与“情境教育”有关,那一定要多阅读李吉林老师的代表作。第二,文献发表的时间。我们一般选择近十年的文献,最新的、具有代表性的研究当然不能被忽略。第三,在选择期刊论文时,尽量选择核心期刊。教育类的核心期刊有《教育研究》《课程·教材·教法》《中国教育学刊》《教育研究与实验》《教师教育研究》《中国电化教育》等。经过初步筛选后，可以采用略读的方式，通过阅读论文的摘要、关键词和书籍的前言、目录等，对文献资料的内容有大致把握后再决定是否通读全文。另外，在阅读文献后，我们可以做好电子笔记，方便保存和查阅，摘录下有价值的语句或段落，并且标记好文献名、作者、发表年份或出版时间、页码等信息，以便引用时直接利用，省去了重新查找、翻阅文献的时间和精力。

提到文献资料的引用时，教师们还需要注意以下几点。第一，尽量用自己的话表达引用文献的中心思想，对原语句进行改写，并对其进行评价，不要让引文孤零零地站在文章中当看客，而要让它真的成为文章的一部分。这样既能将引用的文献资料更好地与论文的内容联系在一起，也能避免被判定为抄袭和重复率过高的问题。第二，认真对待引用的文献资料。何谓“认真对待”呢？就是要把材料放在合适的位置发挥作用。有的作者在一篇论文中提到很多经典的教育理论、教学方法等，然后把这些理论全部堆积在一起，但在后文中我们却“惊讶地”发现这些理论都消失了，已有的理论并不是后续研究的基础，只是放在文中徒增字数而已。第三，注意引用文献的格式规范，并且注明出处时要注意项目的完整性，不要出现“缺胳膊少腿”的情况。第四，追溯到最原始的文献，我们现在经常阅读二手、三手文献，这些文献中不乏一些经典的理论或典型的案例等材料可以为我们所用，但因为没有认真对照原文进行核查，造成引用偏差，也是经常出现的问题。因此，要尽量找到原文，同时核对文献名、作者、年份及页码等主要信息，保证引文的真实性，也能体现论文的科学性和严谨性。

搜集、积累的材料还需要经过鉴别、筛选、处理后才能放入论文中，而且在撰写论文的过程中，还会有材料欠缺的情况，需要作者继续搜阅材料。其实,材料的搜集是一个长期过程,最好的方法就是通过平时的生活和实践,以及阅读学习等方式积累材料。不积跬步,无以至千里;不积小流,无以成江海。研究者要本着脚踏实地、科学严谨的态度不断地搜集和积累材料,最终形成自己的"材料库"。

第五章 教育科研论文的写作过程与投稿指南

●○在经历了一系列复杂的选题与资料搜集之后，我们的教育研究即将迎来最后一个环节，即教育科研论文的写作与投稿。教育科研论文写作与投稿的过程就好比一个盖房子的过程。首先，教育工作者依据自身的研究兴趣与理论依据选择盖房的地点，确定房子的功能与用途(确立题目)；其次，搜集盖房所需的材料，并考虑使用什么样的材料，质量如何，是否适合(处理材料)，然后在此基础上搭建基本的房屋框架(拟定提纲)，并用各种经过精心筛选的材料来填充已有的框架(撰写初稿)，房子盖好之后，必然还要对其进行装修、美化(修改定稿)；最后一步就是交房了，交房之前必须要经过验收员的检验与审核，合格后方能入住(投稿发表)。以上便是一篇教育科研论文形成的大致过程，前几章我们所做的诸多准备便是在为论文写作与投稿打下基础。科研论文是学术思想与学术成果的载体，是研究者在某一科学领域潜心钻研的心得与体会。因此，如果忽视论文写作这一过程，不仅我们所做的一切努力都算白费了，一个缺乏载体的教育研究也将变得毫无意义。本章我们就教育科研论文的写作与投稿两个步骤进行深入的阐述。

第一节 教育科研论文写作的步骤

社会科学研究是一个解谜的活动。[①]也就是说，教育科研论文的写作过程就应如同解谜一般，需要严格按照一定的逻辑与步骤实施开展。一名优秀的教育工作者，不仅要善于透过教育现象发现并提出有意义的问题，更要善于分析问题背后的根本原因，并且能够将取得的丰富研究成果以论文的形式发表，以供同行借鉴、研讨。因此，如何掌握正确合理的写作步骤，并在此基础上进一步细化写作过程、提高写作效率和投稿的通过率，必然要引起我们的高度重视。

一、确立题目

所谓确立题目，就是指确定论文所要研究解决的问题。在撰写论文的初期，我们需要确立一个合理的题目，这样后面所有的材料才能有一个中心，使教育科研论文具有一个核心的论点。一个好的论文题目必须同时具备以下三个要素。

① 蒋逸民.社会科学方法论[M].重庆:重庆大学出版社,2011:242.

(一)准确

论文题目要准确反映出全文的中心思想,能够深入其本质,抓住其要害。既不能过于宽泛,亦不能过于片面,更不能模棱两可。

(二)简洁

论文题目要尽可能简洁易懂,用最精练的语言概括整篇论文的核心观点,并且不宜过长。中文论文的题目最好不超过20个汉字(含空格和标点符号),英文论文的题目最好不超过100个字符(含空格和标点符号)。题目如能用一行表达完,尽量不用两行。

(三)新颖

论文题目要具备一定的新颖性,能够向读者和评审人员展示自身研究的独特意义,吸引读者的眼球。题目的用词上要尽可能突破陈词俗套,突出自己的新观点、新思路、新突破,突出所研究内容的新颖之处,或虽有研究但有的结论不妥或者还有更进一步研究的潜力。另外,还应尽量突出自己对研究内容的独特创新,充分证明研究具有的价值。

二、处理材料

科研论文的写作必然需要搜集大量的原始材料。一般情况下,这些原始材料的数量往往过于庞大,并且存在着大量重复、冗杂、陈旧材料,使其不能直接应用在论文之中,这就意味着在确定论文题目后,我们必然要对搜集到的材料进行进一步的整理。因此,处理材料就是将无序状态下的材料分门别类,通过筛选、整理与提炼,使之便于我们使用。

(一)筛选

筛选是指参照一定的标准,剔除掉不符合规范的原始材料,从而精选出那些与自己的选题方向关系紧密、有参考价值、有影响力的材料。对材料的筛选,一方面,应对材料进行质量上的审核与评价,做到去粗取精,去伪存真。在这里推荐大家使用比较法挑选出有用的资料,通过把内容相似的材料放在一起,比较它们的论点、论证、论据、数据、结果等,以进一步判定材料的正误、优劣。另一方面,论文里引用的材料要少而精,力求做到主次分明,只保留与论题密切相关的材料,对尚有争议或对自己毫无用处的材料酌情进行剔除。

(二)整理

我们在筛选材料的同时,还要做好充分的整理工作。整理就是将搜集到的材料进行分门别类归纳,使其形成系统化、条理化、整体化的逻辑体系,便于我们进一步深化理解,产生新的联想,进而搭建起论文的整体框架。在日常的材料整理中,我们可以通过抄录有价值的论点论据、搜集相关著作的摘要、撰写心得体会等多种方式,将全部材料集中在一起,制作成关于某个论题的专题档案,从而有利于我们发掘材料之间纵向与横向的内在关联,厘清材料之间的逻辑脉络,掌握其中蕴含的规律。

(三)提炼

提炼是在消化和吸收现有材料的基础上,积极探索、寻求创新的过程,这是写好科研论文十分关键的一步。提炼的前提是要足够深入理解前人取得的成果,然后充分调动自己的联想,沿着材料彰显的脉络进行挖掘。力求补充前人研究的不足或遗漏之处,发现新问题、新联系、新观点,开拓全新的研究领域;或对某些看似正确的结论进行辨析、评判,揭示其局限性及不合理之处；或采用新的思维方式、新的研究角度，重新论证前人已有的结论，验证其正确性。

三、拟定提纲

科研论文之所以不同于散文、日记，其原因在于科研论文具有逻辑架构，具有其目的与意义。拟定提纲是在论文正式动笔之前的必要准备，通过预先搭建论文的整体框架结构、布局及创作思路，使作者能够以严谨并且符合逻辑的方式论证其主要观点或得出基本结论，确保论文结构的完整。在拟定提纲时，我们应遵循下列顺序。

（一）拟定题目

关于选题的方法和原则在第三章已经做了详尽的阐述。特此重申，论文题目的拟定要确保以问题为中心，始终围绕论文的中心论点和所要研究的问题。

（二）拟定论文提要

论文提要是在论文开头处，简要说明论文基本论点以及有关的背景知识，它的主要作用是概括介绍作者的主要观点、研究方法以及研究成果，使读者一眼就能了解论文的主要内容。字数少可几十字，多不超过三百字为宜。

（三）考虑论文的逻辑结构

社会科学类学术论文的结构类型主要有递进式结构、并列式结构、对比式结构、综合式结构四种。在拟定提纲时，我们应根据这四种逻辑结构，确定论文的各个部分是逐层深入还是保持并列，抑或是相互对比，注意论文各个部分之间的逻辑关系，进而确定各级标题之间的结构与顺序。

（四）拟定基本论点和内容摘要

论文的基本论点一般用若干个标题来论述。标题即是由简要文字写成的、能完整表达该部分内容意思的句子。教育科研论文通常采用三级标题，第一级标题展示论文的主要框架，第二级标题列出论文的要点，第三级标题详细阐述每个要点如何展开，其余各级标题视情况而定。基本论点拟定后，再将内容摘要依次插入到各个标题之下，为其提供基本的文献内容梗概。

（五）调配各部分的比例关系

要站在全局的高度布局谋篇，合理分配各部分的篇幅与字数。明确各级各类标题的地位和作用，突出主要部分，弱化次要部分，使各段落间的篇幅比例尽可能保持合理。

（六）反复检查和修改

对初步拟定好的提纲还要做全面检查，不断修改。一是检查题目和各级标题是否恰当、合理；二是检查各标题之间的关系是否明晰、内容是否相互重合、过渡是否自然；三是检查整体布局是否合理，是否存在“头重脚轻”“虎头蛇尾”等现象。最后确定论文的总体提纲。

四、撰写初稿

撰写初稿就是对提纲进一步补充和完善，使绪论、本论和结论得以初步形成的过程，同时也是明晰论点并选取恰当材料加以论证的过程。科研论文一般由绪论、本论和结论三个部分组成。绪论是论文的开头部分，主要讲清研究的动机，介绍写作的理由、目的和意义，提出问题，概述内容，明确中心论点等；本论是论文的主体，以充分有力的材料阐述观点；结论是论文的收尾部分，是对全文所做的总结。①

关于论文初稿的撰写，我们须注意以下三点。第一，我们应认识到提纲并不是一成不变的。撰写初稿绝不仅仅是对提纲进行机械的填充，提纲的拟定与初稿的撰写之间应当是一个相互创生的关系。在实际写作中，我们需要根据论点的展开方式和行文时产生的灵感，及时调整论文的结构框架和主要内容。第二，我们应确保论点与论据的一致性。科研论文的本质就是为读者揭示论点与论据之间的逻辑结构，即怎样运用新的材料、新的方法，对新的论点作出客观的论证。为此，我们不仅要明确提出中心论点，展示充足的证据加以论证，还要时刻保持各标题的逻辑严密性。第三，我们还要注意行文的流畅性，语言尽可能简洁、严谨。

五、修改定稿

论文写作有一句俗语："我们在进行写作时，写的永远都是初稿，定稿是修改出来的。"一篇好的文章不是一气呵成的，我们的初稿仅仅是粗略完成了材料的堆砌，距离一篇合格的科研论文尚存在着较大差距。这种情况下，论文必然存在不少问题，因此，我们要对初稿进行反复检查与修改。

---

① 韩品玉.汉语言文学专业学习全程指导[M].青岛：中国海洋大学出版社，2007：220.

修改定稿是对全文每一处标题、结构、材料、语言、书写进行反复推敲、修改,直至达到期刊社录用发表标准的过程。修改包括两个方面的内容。其一是宏观上修改论文的整体思路。对初稿而言,论文各部分的结构与内容已经基本成型,但只有厘清论文的整体思路才能真正提高论文的修改质量。宏观修改要从整体的角度出发,审视全文的写作思路与逻辑体系,确定修改的目的与方向,对论文的论证方式进行重新组织。其二是微观上修改论文的思想内容与表现形式。在确定修改的整体思路后,我们就要具体开始着手,从思想内容与表现形式两个方面对论文作出相应调整。

第二节 教育科研论文写作的要领

写作要领是作者为表情达意而采取的有效写作手段，贯穿于科研论文写作的全过程，有助于写作各环节、各因素的完美配合。作为中小学教育工作者，掌握一定的论文写作要领是非常有必要的。

一、直面教改，注重实践

作为一项重大的系统工程，教育改革一直是社会关注的焦点。随着《国家中长期教育改革和发展规划纲要（2010—2020年）》颁布，"优先发展、育人为本、改革创新、促进公平、提高质量"的工作方针将引领教育事业改革与发展的战略走向。①同时，国家最新颁布的《义务教育课程方案和课程标准（2022年版）》，进一步深化课程改革，突出实践育人。教育改革带来了全新的教育教学理念。在新理念的指导下，教育者应转变教育观念，积极面对和投身于课程与教学的改革中，时刻做到"两手抓"，在选题时既要抓住教育领域的大方向，使所提的观点符合当前国家教育改革的精神，还要抓住课程和教学中的重点、热点问题，挖掘本地资源，使教育改革的理念能够最终落实到教育实践当中。

①范国睿，戴成林，苏娜，等.教育改革：国家行动[J].教育政策观察，2011(1)：3-78.

哪里有问题，改革就到哪里。教育科研论文写作的最大目的是促进教育事业的发展，而教育改革不仅为我们揭示了当前存在的问题，更为我们指明了未来发展的方向。一方面，论文选题应该直面教育改革。通过关注课程与教学改革过程中存在的诸多问题，并制订相应的研究方案，使自己的研究能够统一于国家教育改革的大政方针之中，其研究成果也能够对教育改革的发展提供一定的参考，极大提高教育科研论文的应用价值。另一方面，要注重解决实际的教育问题。教育科研论文不是凭空的想象，而是动手实践、探究创新的过程，是培养自身综合实践能力的过程。只有不断发现教育实践中的问题，不断尝试，将教育改革落实到课堂教学中，才能切身体验到教育改革的效果，习得教育研究的各种技巧，从而总结完善，使教育改革取得更深层次的发展。例如，如何既能使我国学生基础扎实、视野宽广，又能减轻学生负担，使之学习生动活泼？这就是教育实践中非常值得思考与商榷的问题。

二、利用理论，言之有据

理论是人们从实践推演、从抽象概括出来的关于自然、社会和人类思维的逻辑体系。正确发挥理论的指导作用，做到理论与实践相结合，对论文的写作至关重要。一方面，理论是形成论点和论据的必要条件，任何一种论文写作与学术研究，总是在一定的学科领域内展开的，总要借助一定的理论原理与前人的优秀成果，如果没有理论基础，研究将很难深入下去，很难有真正的创造。另一方面，“写作时以一定的理论作为指导，或引用一些理论观点，可以使写作的思路一贯、论证有力，有助于增强论文的说服力，从而更能达到研究和表达的目的”①。因此，我们不

① 张肇丰.从实践到文本：中小学教师科研写作方法导论[M].上海：华东师范大学出版社，2011:22.

仅应具备坚实的理论基础和系统的专业知识，更应利用本领域的诸多理论进行创新。

在论文写作中，为正确理解和运用相关理论，使论文言之有据，我们应遵循以下几点。首先，要较全面阅读与论题直接相关的国内外研究成果和先进理论，只有熟悉了本领域的诸多理论，才能有效地将其内化为论点与论据，增强论文的说服力。理论功底是否深厚，既反映出论文作者对其所涉及领域的熟悉程度，也反映出整个论文的可靠程度，如果作者连本领域已有的著名理论都不知道，恐怕很难“创新”出真知灼见来，写出的论文也无法让读者信服。其次，要科学地运用理论，必须善于联系实际。科研论文不仅要具有一定的学术价值，还必须具有实际意义和应用价值。这就要求我们在解决教育教学中的实际问题时，不仅要发挥理论的指导作用，还要在实践中进一步检验运用和发展理论，对教育教学工作中的经验与教训进行理论加工与提炼，从而形成带有普遍性的、有借鉴意义的观点，真正做到理论与实践的有机结合。最后，在一定理论指导下进行创新性思考。虽然教育科研论文必须要有理论作为根本支撑，但理论往往不能为人们提供解决实际问题的现成答案。因此，我们要始终明确，理论所提供的只是解决问题的思路，而不是僵死的教条。在面对实际问题时，决不能机械照搬某些理论来解决实际问题，而是要发挥创造性进行思考，做到具体问题具体分析，坚持辩证取舍地运用理论解决实际问题。对于已有的理论成果，我们更不能盲目迷信，而是要对其不断地作出更正与补充，使其符合现实教育的需要，并且努力揭示隐藏在日常教育现象中的规律，久而久之，在写作中自然会形成自己的新观点，产生自己的论文。

三、科学表述，语言规范

科研论文写作是驾驭语言的艺术，文字表达是科研论文写作的基本手段。教育科研论文主要是以存储、传播和交流科学信息为目的，以专业的教育工作者为对象，科学性自然是教育科研论文的生命所在。因此，教育科研论文的特点决定了其语言的特殊性，它除了具备一般论文应有的基本格式和要求之外，还必须具有科学的表述，在语言的规范上尽可能做到科学严谨、用词准确、清晰简约。

首先，教育科研论文的语言应保证其科学性。在词汇方面，要在各个学科领域科学使用专业术语。一般情况下，要表达具有同样复杂程度的含义，使用专业术语会使描述更加简洁，还能够增强论文的专业性。在语言方面不应带有个人的感情色彩，如果作者从个人的情感出发，很容易过分夸大科研实践领域中的某一现象，使反映客观本质的现象失真，影响研究结论的科学性。其次，教育科研论文的语言要做到精确无误。在描述和评价研究过程、成果及反思时，使用的语言要十分严谨，对于相近的概念和现象要严格加以区分，对于具体的数据要做到精确表达，不产生歧义，无懈可击。最后，教育科研论文的语言必须清晰简约。科研论文不是散文，其主要作用是交流科研信息，并不需要华丽的辞藻供人欣赏，因此要以尽可能少的语言单位承载尽可能多的信息，使读者能够迅速、准确地获得所传达的信息，直截了当触碰问题根源，体现出科研论文鲜明的逻辑性和条理性。

第三节 教育科研论文写作中常见的问题

在论文写作过程中，难免会遇到各类问题。在此有必要对教育科研论文中经常出现的问题进行归纳和总结，以期能帮助提高论文写作水平，缩短论文发表周期。

一、题目存在问题

拟定合适的论文题目，是写好论文的关键环节。只有明确了题目中存在的问题，我们在论文写作中才可以判断自己做得是否正确。

（一）题目缺乏新意

作为反映科研成果的论文，必须具有新颖性和创造性，善于抓住“热点”，提出新的思想、新的见解，从而推动科学文化不断向前发展。当前，很多中小学教师缺乏相关研究课题支撑，不知从哪方面选题比较合适，要么选题过于陈旧，老生常谈，缺少研究的前瞻性；要么照搬别人的材料和结论，使研究成果缺乏新意，毫无研究价值可言。

(二)题目脱离实际

论文题目的确定应当充分考虑到该问题所处的研究背景。既然我们的研究不是随意开展的,同理,我们论文的题目也就不应随意而定。任何研究都是在特定理论和现实环境下展开的,并且都需要一定的理论依据作为支撑,论文题目应当是在符合国内外反映某个研究领域的发展状况、研究成果的基础上,结合自身搜集到的相关资料,并通过反复思考研究而最终确定的。只有充分掌握研究背景,才能避免论文题目太大或者太偏,超出自己现有的研究能力而无力完成,又或者是没有体现出本专业学科的特点,使其失去研究的独特价值。可以说,"问题提出是在研究背景基础上顺理成章的产物"①。

(三)题目拖沓冗长

论文题目过长不仅容易使人产生烦琐和累赘之感,而且难以让读者得到鲜明的印象。一般而言,当读者或评审人员在阅读论文时,最先映入眼帘的就是论文题目。一个直截了当、言简意赅的题目能在很大程度上起到吸引读者的作用,提升人们对整篇论文的观感,同时也能提高论文成功发表的概率。反之,一个拖沓冗长的题目,不仅存在概括能力较弱的问题,还往往会给整篇论文招致"死刑"。

二、结构存在问题

学术论文的结构要在中心论点的统率和支配下,把各个论证部分严谨、周密地组织起来,分清主次轻重,做到层次分明,详略疏密有致。结构方面常见的问题有以下几种。

---

① 朱德全,李姗泽.教育研究方法[M].重庆:西南师范大学出版社,2011:44.

（一）结构缺失

一篇结构完整的论文通常由绪论、本论、结论三个部分组成，缺失其一，将导致论文结构的失衡，造成整体思维逻辑的混乱。结构的缺失常见以下三种情况：第一，缺少绪论，没有交代研究目的、价值、意义，也不交代研究的方法，会让人觉得过于唐突；第二，缺少本论，对中心论点的论证不充分不详细，削弱论证过程的客观性与权威性；第三，缺少结论，没有交代研究结果，没有发表自己的观点或评论。

（二）层次混乱

论文的结构层次一般由若干个自然段和小标题组成，并遵循因果关系的逻辑顺序依次展开。在论文的整体布局上，很多作者没有注意到段落的安排是否合理，往往几千字的内容，中间不分段也不加小标题，读起来很吃力，缺乏必要的层次性；在层次的分配上，把不同等级的概念或论点放在同一个层面上，破坏了结构的均匀性和并列关系，显得层次不明；在段落的衔接上，常常会出现脉络连接不畅，前后语义重复、矛盾，意思不连贯，缺少自然的过渡语等问题。

（三）论证方法单一

在论证的过程中，有的论文采用的论证方法过于单调，从头到尾只使用一种方法，提出一个论点，用一个例子来论证，然后得出一个结论；有的论文结构刻板，阐述现状、存在问题及原因往往是枯燥的，然后再象征性提出几点对策，没有丝毫起伏，读之会令人生厌；还有的论文以偏概全，以小论据支撑大论点，因而武断得出结论，缺乏具有说服力的论证方法。因此，我们一定要在论证过程中综合运用各种论证方法，比如例证法、喻证法、类比法、对比法、反驳法和归谬法等，使得论文结构和内容更加充实、丰富。

三、理论基础问题

理论基础是指一门学科的基本概念、范畴、判断与推理，它既是分析提炼论点的基础，也是说理与论证的重要依据。如果理论基础不足，道理就立之不牢。因此，理论基础的选择和组织一定要恰到好处。

(一)理论基础选择不当

理论基础作为论点的来源，是整篇论文的“根基”。如果作者对研究领域已有的众多研究缺乏足够的认识，或是梳理的文献数量和质量不够，就容易造成对理论基础的选择产生偏差。

1. 理论基础和论点不统一

论文当中出现理论基础与所要说明或论证的观点不相吻合的情况，其原因多是作者对所用理论还不甚了解，就盲目将其塞入论文当中。

2. 理论基础支撑论点的力度不够

有些理论基础虽然能够大致说明自己的观点，但缺乏应有的力度，理论比较陈旧，层次较浅，并且没有成体系的理论依据来支撑自己的课题研究。

3. 理论基础与论点相互矛盾

是指论文中的理论基础与论点自相矛盾，无法自圆其说，所得的结论不能印证所要说明的观点。

(二)理论基础组织不当

科研论证必须建立在充分的理论基础上，如果理论基础组织不当，就无法起到支撑论点的作用，也使论文显得杂乱无章，影响表达效果。所谓理论基础组织不当，就是论文中对理论基础的组织缺乏逻辑性。

1. 缺乏理论基础

任何学科都有一定的理论基础，用以对该学科范围内的研究内容作出科学解释。对已有研究与相关文献的引述不足，容易造成论文的理论基础比较薄弱，其结果必然是论文的可靠性和解释力不够充分，难以形成有效的观点或见解。

2. 理论基础冗杂繁乱

论文中使用的理论过多、缺乏系统的整合，会造成论文层次不分明、条理不清楚、论点出现相互冲突等。例如不同类型的理论总是反复出现在同一章节或层次下，不仅重复累赘，也使文章显得非常混乱。

3. 论证过程不畅

在使用现有理论进行推导或逻辑证明过程中出现明显的漏洞，证明过程跳跃过大或者牵强附会，使科学的分析证明变成了强拉硬凑。

四、语言表述问题

语言是思想的载体，是一种传导信息的工具。很多作者由于刚开始从事科研论文写作，不了解教育科研论文的写作标准，常常会出现一些语言表述的问题。

（一）语言表述不规范

论文语言的规范性，主要体现在论文语言表达的准确性、简洁性与学术性上，即需要用规范的学术语言，将研究内容简洁清晰表达出来。在论文实际写作中，很多作者的语言表述存在着使用词语不恰当、口语化现象严重、标点符号使用不规范、排版或翻译错误等诸多疏漏。

（二）语言表述不连贯

语言表述不连贯，是指句子与句子之间缺少必要的逻辑联系，前言不搭后语。学术论文有着严格的逻辑推理过程，要体现作者思路的清晰、严密，就要在分析问题时符合客观事物的规律，做到语言的表述前后一致，顺理成章。有些作者写的论文，不是以严格的逻辑推理为主，想到哪写到哪，缺乏语言表述的连贯性，读后让人不得要领的同时，也给人笼统、琐碎、肤浅的感觉。

（三）语言表述不清晰

学术论文具有的科学性，决定了其语言表述必须清晰准确，意思唯一，不能产生任何歧义。有的论文词汇贫乏，文章枯燥无味，没有生机；有的没有紧扣论文主题，表述线索不清，废话连篇，难以顺畅表达论文观点；有的杜撰生僻词语，生涩难懂，使人不知所云，等等。要解决这些问题，就应多加强自身语言的修养和注意专业术语的使用。

第四节 教育科研论文的修改

所谓修改，是指改正论文初稿中存在的错误和不足。修改论文无疑是写作过程中的重要步骤，也是一项异常艰苦的劳动，修改甚至是某种意义上的再创造。

一、教育科研论文修改的意义

修改的本质是对客观事物的再认识。对论文的修改既可以进一步清晰、深入、全面反映客观事物，还可以不断破除先前的错误观念，在联系和发展中把握事物规律，形成全新的思维与视角，使所写的论文更加趋于完善，这也就是我们常说的“不破不立”。

（一）实现认识的不断超越

由于客观事物是充满变化、曲折复杂的，人们对研究对象的认识总是存在由片面到全面、由主观到客观、由现象到本质的过程。对于作者而言，准确抓住客观事物的本质无疑是非常困难的，这就需要在修改的过程中一点一点地“磨”，即通过对论点与论据进行“抽丝剥茧”般的审视，逐层剥离产生干扰的各类因素，对先前的错误认识进行否定，再利用这种否定反过头来指导新一轮的审视，不断循环往复，直至揭露表层现象背后所蕴藏的真正本质。在这个过程中，修改是建立在对内容深刻理解的基础上展开的，科研论文的修改不再只是一个查漏补缺的过程，而是一个对写作内容进行再认识、再创作，使其得到升华，从而不断实现自我否定、自我超越的过程。

（二）锻炼自身的写作能力

正如俄国作家契诃夫所说："写得好的本领，就是删掉写得不好的地方的本领。"在修改论文的过程中，作者每一次的修改，都可以视为对写作能力的一次锻炼。一方面，通过发现论文中存在的问题并加以修正，可以进一步锻炼自身遣词造句、结构文章和逻辑推理的能力，从而掌握各类写作技巧，提升自身的文字功底。另一方面，对论文的修改可以积累丰富的写作经验，领悟写作的要领，从而懂得什么该写、什么不该写以及该怎么写，为今后的创作打下良好基础。综上所述，修改论文也是写作的一种基本训练，而且是更为有效的训练。这就要求我们在教育科研论文的写作中，既要多写，也要多改。

（三）提高论文的写作质量

任何一篇好文章都是"改"出来的，修改始终是提高论文写作质量的有效途径。一方面，在初稿形成时，作者对于全文的每个论点、论据都不可能构思得完美无缺，至于语言的表达、格式的规范则更无法做到准确无误。而在进入到论文修改的过程中，作者的着眼点就可以不再只是关注局部，而是站在整体的高度，居高临下进行检查，更容易发现各个部分所存在的问题，提高语言表达的准确性，从而使论文更加趋于完美。另一方面,论文的修改过程,其实就是作者以换位思考的方式,将自身的立足点从作者转移到读者方面,以更加客观、严格的视角对论文各个部分进行"评头论足",从而作出进一步的斟酌、调整。因此,修改这一环节可以有效减少来自主观的干扰,是提高论文质量的有效保证。

(四)培养严谨的学术态度

修改是对读者负责的表现。①修改论文的过程无疑能够帮助我们培养严谨、认真的学术态度。作为一篇教育科研论文,我们的研究成果必然要面对广大的中小学教师,指导他们开展日常的教学与管理工作,所以我们要抱有对社会高度负责的科研精神,如果事实不确凿、数据不精确、文字有错讹,一旦结论稍有差池,便有可能产生严重的社会影响。因此,撰写科研论文是一项极为严肃认真的工作,容不下半点轻率与马虎。通过修改论文的过程,可以使这种认真得到反复磨炼,最终形成一种端正的学术态度,刻入我们的个人品质之中,而一旦我们形成这种严谨、认真的学术态度,将会使今后的学术生涯受益无穷。

二、教育科研论文修改的范围与步骤

在教育科研论文修改的全部过程中,应明确规定修改的范围与步骤,使修改工作得以有序开展,这样整个修改过程就会变得比较轻松。

(一)教育科研论文修改的范围

教育科研论文修改的范围要从两个方面考虑:一是思想内容,二是表现形式。从思想内容方面应当考虑的是:论点是否明确;材料是否恰

① 翁廉.科技编辑基础知识·文章修改[M].广州:中山大学出版社,2009:1-3.

当,是否具有说服力;论证是否严谨;措辞是否合理。其关键点在于如何深化论点,使论文内容的表达更富有条理。从表现形式方面应当考虑的是:论文框架是否完整;篇幅是否合适;衔接是否流畅;格式是否合乎期刊社规范。这就要求我们在逻辑论证上下功夫。

(二)教育科研论文修改的步骤

确定修改范围之后,还需要进一步细化修改的步骤。关于修改步骤的制定,我们要从大体上遵循教育科研论文修改的总原则:统筹兼顾,对症下药,力求达到内容和形式的统一。

1.推敲题目

通常,人们在开始阅读一篇论文时,总是先从题目着眼,所以我们在修改论文时,不妨也从题目开始入手。对于论文题目的推敲,不仅要推敲论文题目是否生动、新颖、简洁,也要从标题是否有利于更准确、更有力地表现论文的论点去衡量。这就要求我们站在全局的角度,对论文进行反复通读,概括、梳理其表达的中心思想,深度思考论文题目是否符合文中的各部分内容及其表达方式。

2.调整结构

结构是论文表达形式的关键要素,是论文内容的组织分配,直接关系到整篇论文内容的表达效果。调整结构要从以下三个方面着手。

第一,结构的完整性。对于结构的完整性,不仅要考虑绪论、本论、结论是否完整,也要考虑这三大部分之间的主次、详略是否协调一致,并针对缺乏的部分给予填补。

第二,结构的层次性。大多数文章在结构上应符合“提出问题—分析问题—解决问题”的逻辑层次。在修改时,我们要从整体上判断布局、层次、段落的安排是否合理,各段落之间的脉络是否分明、顺畅,各分论点是否明确、协调。在此基础上，删去造成重复和矛盾的地方，理顺上下文的逻辑关系，使文章的层次更分明、逻辑更严谨。

第三，结构的严密性。众所周知，如果与论证无关的内容存在过多，将会造成论证结构的松散，使论文缺乏说服力。这就要求我们检查论证的逻辑顺序是否合理、各论证板块的内容是否充实、观点与材料之间的内在联系是否紧密。

3. 增删材料

材料是论文的“骨血”，它是证明观点的论据，是论点成立的基础与依托。在增删材料时，一方面是要审核材料的来源是否真实、权威，确保所用材料必须准确可靠，尽可能出自国内外的权威文献；对于无法鉴定其来源的材料全部予以删除调换。另一方面，一定要使材料和主题思想或分论点有机和谐统一。[①]在材料的选用上，尽可能选取必要、合适、典型、新颖的材料，避免过多使用同一类型的材料。凡是不能反映核心论点或者与论点关系不太紧密的材料一定要毫不留恋地删掉，同时在增补材料过程中，尽可能将材料进行压缩、提炼或者直接使用典型材料，从而更好地使材料与观点相符合。

4. 斟酌语言

论文不同于一般的文章，它的逻辑性很强，用词精确度很高，因此语言是否通顺，有无病句，是关乎论文合格与否的重要标准。如果一篇严肃的科研论文中语病百出、错误连篇，不仅会影响读者对内容的理解，在贻笑大方的同时还会大大削弱其学术公信力。所以修改论文，一定要特别注意斟酌语言。斟酌语言可以分两个层面进行：其一是查漏补缺，查找论文存在的各类语病，修改标点符号、错别字、错词、病句；其二是锦上

① 董华.大学毕业论文写作指导[M].北京：中国社会科学出版社，2000:69.

添花，在清晰表达论文主旨的基础上，把语言、文字尽可能写得通顺流畅，深入浅出，从而形成一些佳句，提升读者的阅读观感。

5.规范书写

在投稿之前，务必要认真阅读各学术论文期刊社、提供的“投稿指南”或“作者须知”，掌握正确的书写方法及书写格式。针对所要投稿的期刊社、杂志社，要严格按照其标准调整论文版式、排列顺序、字体字号等。

三、教育科研论文修改的方法

关于教育科研论文的修改，我们在掌握一定方法和技巧的同时，还要牢记：无论我们采用哪种修改方法，都无法一次就达到完善恰当的程度。这就要求我们在实际修改中，尽可能做到各种修改方法相互结合、取长补短、反复运用，直至取得比较理想的修改效果。下面介绍几种常见的论文修改方法。

（一）趁热打铁法

是指初稿完成后，趁着对论文整体印象较深，立即进行修改的方法。此时我们的思绪仍然沉浸在论文语境当中，对论文内容印象深刻，借此机会对论文的结构和内容进行梳理，可以很快发现其中的缺漏或错误，添补起来也十分方便。这种方法的好处是思维活动始终具有密切的一致性和连贯性，思路清晰，一气呵成，大大提高了修改工作的效率。但这种方法的不足之处也很明显，由于修改的时间过于集中，作者往往难以跳出写作时的兴奋状态，缺乏对论文的整体考虑，使修改局限于小修小补。

(二)冷处理法

所谓冷处理法,就是为克服趁热打铁法的不足,有意识地将论文搁置一段时间后再进行修改的方法。论文初稿完成后,作者已经是非常疲惫了,如果此时继续修改,想必会受到疲劳和惰性的影响,导致思维不够敏捷,影响修改效果。因此,在初稿完成后,有经验的作者往往会将其搁置一段时间再做修改。一方面,可以使自己的头脑保持清醒,提高修改效率;另一方面,可以摆脱原有固定思路的束缚,站在全新角度检查自己的论文,产生新感受、新认识,从而更容易发现初稿的不完善、不妥当之处。这种方法同样存在局限,一旦论文搁置的时间过长,会影响作者对论文内容的记忆,在修改时不易进入良好的写作状态。

(三)诵读修改法

诵读修改法,是通过朗读或默读的方式,边读边思考,力求发现问题的方法。在修改论文时,我们不要光是"看",还要去"念",对于论文中存在的毛病,特别是用词造句上的毛病,例如语句不通、衔接不紧、缺词漏字、情感不相称等问题,仅凭肉眼是很难察觉出来的,只有通过诵读才能更容易发现其不妥之处。诵读是修改论文的好方法,这种方法非常适用于那些语言运用还不太熟练的作者。

(四)以文会友法

在论文修改中,以文会友法就是将自己的初稿拿给专家、师长、同事、同学求教,请他们提出修改的意见。自古以来,我国就存在以文会友,文人之间互相点评文章、切磋写作技艺的风气。俗话说"三人行必有我师",一个人的认识毕竟是有限的,通过虚心听取他人的意见,可以汇集到不同思维与理论的观点,为我们增加考虑问题的广度和深度,发现我们看不到的问题和意识不到的毛病，大大提高论文的写作质量。在这里需要强调一点，由于身份、阅历和学识的差异，针对同一问题，每个人恐怕都会有不同的解读，这就需要我们在汇总不同的意见后，还要进行辩证的提取与吸纳，做到去粗取精。

第五节 教育科研论文的投稿指南

论文最终定稿后,还有一个很重要的环节就是定向投稿。同样质量的文章,由于投稿对象的不同,将会产生不同的结果,当然也会造成不同的影响。当学者能投高等级的教育期刊,却因没了解清楚而投了普通期刊时,对学者来说这不仅是名誉的损失(找工作或评职称时论文可以作为个人科研能力的证明材料),也是经济的损失(大多数单位都有论文级别的奖励),更是学术的损失(致使一些优秀科研成果被埋没)。因此,为减少或避免因盲目投稿而造成的损失,我们有必要提前了解教育科研论文的投稿意义、投稿方式和投稿技巧。

一、教育科研论文的投稿意义

(一)检验自身的学术水平

对论文写作的初学者而言,投稿发表是一个能够真正贴近学术前沿、检验自身学术水平,进而不断寻找和缩小差距的重要途径和良好机会。我们应该把投稿看作是检查研究方向是否正确的路标,将论文投稿后交由评审专家作出客观评断。如果论文顺利发表，就意味着我们大致的学术研究方向和研究方法是正确的，今后还要继续大胆地沿着这个方向进行写作投稿；如果不幸被拒稿，说明我们的学术水平还未获得认可，那么我们就可以吸取其中的经验教训，搞清楚被拒稿的原因是什么，从而帮助我们有针对性地进行修改，把握学术动态，提高学术水平，为今后论文写作和投稿发表奠定坚实基础。因此，论文投稿不仅是教育科研工作的一个重要组成部分，也是检验一个人学术水平和科研素养的重要途径。

（二）搭建良好的交流平台

在全球化的今天，如果仍然保持着封闭式发展的思想，不发表论文，不与学术界交流，任何行业和个人都会走向不进则退的困境。对教育科研工作者而言，通过论文投稿与发表的形式进行学术交流，阐明自己对未知问题的见解，可以很大程度上促进教育研究成果的推广和应用，有利于教育事业的繁荣与发展。论文正式发表后，根据他人反馈的有关意见，我们能够进一步查补短板，了解到对于同一问题的不同看法，借鉴吸收丰富的研究经验，从而更科学合理地制订和改进今后的研究方案。综上所述，论文投稿为我们提供了一个与同行交流的“入场券”。

（三）提供展示自我的渠道

教育科研论文的投稿与发表是展示自我的重要渠道。论文的成功发表往往代表着专业领域的“学术承认”，发表论文的数量和质量是衡量一个教育工作者学识水平与业务成绩的重要指标，同时也是考核他们能否晋升学位和技术职务的重要依据。对个人来说，发表科研论文是对自身逻辑思维能力、语言表达能力等综合能力的一个提升过程，同时也是自我效能感满足的最大时刻。除此之外，发表科研论文对评优评先、评职称等有一定的帮助，同时可以获得学术地位，提高个人的知名度，有利于自身在学术领域进一步深造。

二、教育科研论文的投稿方式

一般情况下，各刊物的投稿方式都会刊登在其官方网站上，除此之外，在中国知网、万方数据库、维普资讯等知名学术网站上也会有特别收录，可以很便捷地查询到投稿方式和联系方式。在投递过程中，切记不要一稿多投。一稿多投是严重的"学术不端"行为，不仅浪费有限的出版资源，侵犯其他作者、出版者甚至读者的权益，还有可能被列入学术黑名单，对自身造成极大的负面影响。目前，大多数刊物都已采用网络投稿，但也有部分刊物仍采用纸质资料投稿的方式。

（一）纸质资料投稿

纸质资料投稿需要花费的时间比较长。论文一般要求使用A4纸打印，字号为五号以上，行间距应选择单倍间距，无明显涂改痕迹。信件的收件人一般写某某杂志社或某某期刊编辑部，不宜直接写主编姓名或编辑部其他人员姓名，以免对方收发信件时当作个人信件处理。信封内还可附带一张简介，简要自我介绍的同时，说明论文的写作背景、大致内容。

（二）电子邮件投稿

邮件发送时，论文一般为Word文件，文件名最好更改为"论文名+作者姓名"形式，邮件的主题栏建议填写作者姓名、论文名、表示投稿等有关内容，方便编辑部查收稿件。由于论文中往往包含一些图片资料，最好采用附件的形式发送邮件，而不是将全文复制在邮件的正文中。

（三）在线投稿系统投稿

一些刊物拥有自己独特的在线投稿系统，我们就要按照要求注册账号，然后登录系统填写作者的相关信息，提交论文附件。与此同时，还要记住注册的账号和登录密码，便于在投稿后及时跟踪论文录用与发表的进程。

三、教育科研论文的投稿技巧

（一）选择合适的投稿刊物

首先，确定投稿刊物的档次。投稿应遵循从高影响因子期刊到低影响因子期刊的顺序，推荐选择审稿周期较短的刊物。目前，国内有七大核心期刊（或来源期刊）遴选体系。按照期刊的质量，可以分为核心期刊和普通期刊。核心期刊一般是某学科的主要期刊，质量较高且能够代表专业学科的发展水平，也是评奖评优的主要依据，其权威性要比普通期刊高很多，但对论文的质量要求也相对较高。

其次，比对论文选题与刊物偏好之间的吻合度。由于秉持不同的办刊理念，各刊物的选题偏好也会有所不同，长此以往，就形成了其独有的“期刊文化”。这种“期刊文化”就是我们所要追踪的对象，我们要尽可能多地去了解这本期刊，了解期刊的内容风格，了解期刊选题取向，甚至有时候要考虑期刊的篇幅体例，从而确定所投论文究竟适合哪种刊物、哪个栏目，避免盲目投稿，提高稿件被录用的概率。

最后，考虑读者的市场。根据期刊面向的不同人群，考虑论文的主题是否与读者相符，同时适当调整一些专业术语的使用。例如，如果面向中小学教师群体，过于偏重学术理论探讨的论文就有些不合时宜，相比之下，偏向教育理论科普、偏向课堂教学实践的论文可能会更加受到欢迎。

（二）加强与编辑部的联系沟通

发送邮件或寄出材料并不意味着投稿工作的结束，在投稿后的一段时期内仍要持续追踪稿件的审阅过程，加强与编辑部的联系，并开展及时有效的沟通。期刊编辑部门可能每天都会收到上百份稿件，很难做到所有退稿都逐一告知回复，这样一来，我们很难弄清自己论文的投稿情况，不便于对稿件进行修改或及时改投。因此稿件投出后，如果在用稿周期内没有收到任何答复，最好主动咨询一下编辑部，详细了解稿件处理的情况。如果需要修改，可以及时得知修改意见；如果未被采用，则可以了解被退稿的原因并主动提出返修的意愿。除此之外，通过平常与编辑部的沟通交流，还能够了解到期刊未来的选题范围和出刊计划，进行有针对性写作，提高投稿命中率。

（三）注重论文格式的规范性

正所谓“细节决定成败”，一篇格式规范的论文可以给编辑和评审专家留下良好的第一印象，这不仅是作者态度认真、作风严谨的重要表现，同时还体现出作者对期刊的尊重和关注。目前，国内各种期刊对论文格式的要求都大体相同，只有在标题、摘要、关键词、参考文献等方面会有格式上的差异。在论文撰写、排版的过程中，作者应特别注意投稿期刊对论文格式的要求，并严格按其要求执行。同时，作者在字数的把控上也要有整体意识，明确突出标题，字数尽量适中，不要忘记在论文的末尾处给参考文献和作者信息预留出一些空间。

下编　分论

第六章 学术型论文的写作

●○学术型论文是对某个科学领域中的学术问题进行研究后表述科学研究成果的理论文章。教育科研论文中的学术型论文是在教育科学研究的基础上，用系统的、专门的知识，严谨、准确、科学的语言来讨论或研究某种教育问题或成果的学理性文章。[①]学术型论文的写作能力和水平通常是衡量一个人学术水平和科研能力的重要标志。教育研究者开展学术型论文写作，必须先进行教育科学研究，而后再对研究的学术性思想通过写作进行表达。因此，对于教师而言，写好学术型论文不仅要掌握良好的学术型论文写作技巧和方法，精通教育教学的基本理论和教育研究的科学方法，还要具备创造性的思维方式，形成富有创造性的教育学术思想。显而易见，学术型论文写作是教师在教育科研论文写作中的难点和重点。

学术型论文写作不仅可以提升教师的写作能力，还可以促进教师精耕教育学术领域，形成学术自我，进而形成“教师专业自我”，实现写作能力—学术水平—“专业自我”的共生发展。此外，现实生活中，学术型论文科学价值的实现都必须通过发表，进入正规的科学交流领域，接受科学界的评论和进一步借鉴及使用。教育科研论文中的学术型论文通常是期刊发表中的优秀教育科研成果。教师的科研能力和学术成果也成为教师考评、评职称的重要依据。因此，写好学术型教育科研论文对教师的专业成长和长期的职业发展具有重要的意义。

虽然学术型教育科研论文是教育科研论文中的一大难点，但任何学术型论文都有其固有的行文规范，也有其一定的写作方法和技巧可循。本章节结合了具体的案例对此展开了较为详细的介绍。

---

① 李兴昌.科技论文标题的编辑加工[J].编辑学报，1990，2(1)：15-19.

第一节 学术型论文的特点与分类

一、学术型论文的特点

因学术型论文是在科学研究的基础上进行的学术思想文字表述,故而,学科性是学术型论文的首要特征,学术性是学术型论文写作的根本特征,创新性和规范性是学术型论文的必要特征。即学术型论文具有四大特征:学科性、学术性、创新性、规范性。

(一)学科性

在教育科学研究中学术型论文的学科性特征即指该学术型论文要富有教育学科性,要基于教育科学研究领域的理论和方法,以教育学科领域的学科语言表达习惯和学科理论逻辑开展学术性写作。

(二)学术性

学术指的是有系统的、较专门的学问。因此,论文的学术性要求研究者运用科学的、准确的、严谨的语言,采用符合专门化的研究对象的方法,对特定研究对象进行严密论证和科学分析。首先,它要求写作人员必须先进行科学化研究,再着手写作。一些没有研究就开始写作,或者不知道怎么研究，研究方法不科学，不懂如何搜集资料与选取资料而进行的写作就会失去科学性，也就失去了学术性。其次，论文的语言表述要合理、严谨、准确。研究者在撰写学术型论文时要注意语言的去口语化，以准确的语言表达客观事实，有理有据地论述学术观点。切忌没有依据地有感而发或者纯粹表达个人的心得体会。再次，文章骨架要逻辑严密，前后衔接流畅。论文结构应当是一个整体，即论文各部分或各论点之间是相互联系的，上下文之间环环相扣，具有直接的逻辑关系，而不能是由没有直接联系的多个主题构成的松散结构。①

一篇结构好的学术论文应当具备三个特点。(1)层次感。文章框架犹如树木枝干，各分枝和主干紧密衔接，主次得当，层次分明；各同层枝干之间并列关系显著，前后递进衔接有序。(2)逻辑感。文章起承转合自然，由客观事实到学术观点的论述过程逻辑严密，经得起推敲与验证。(3)平衡感。文章内容整体布局合理，各部分、各枝干内容详略得当。最后，文章内核要体现理论性，富有学术价值。对研究结果进行思辨论证、提炼观点的过程是一场理论表述过程，应当从理论出发，并以理论统率全局。

(三)创新性

追求真理，实现创新是学术型论文的生命。论文的创新性通常是衡量一篇学术型论文有无价值最根本的标准。要实现学术型论文的创新，首先要开展富于创新的研究。学术型论文只是学术研究的结果，因此实现学术研究的创新是学术型论文富有创新性的根本保障。就教育科学研究而言，实现创新可以从以下几个方面突破。(1)主题创新。实现主题创新，研究者要扎根教育发展的现实，发现新问题，研究新问题与当下的

---

① 别敦荣.论教育学术论文写作[J].四川师范大学学报(社会科学版),2017,44(4):5-15.

真问题。就教师而言，教育科学研究的真问题就体现在教师的日常教学生活当中。留心观察身边的教育问题，记录问题，思考问题，找到并研究当下教育中确切需要解决的问题，就会在主题创新上找到突破口。(2)视角创新。正所谓“横看成岭侧成峰”，从不同的视角看问题，就会发现它的另一面，乃至不为人知的或者全新的一面。事物总是普遍联系的，教育问题则与社会生活的方方面面都有着千丝万缕的联系，甚至是“牵一发而动全身”的。因此，实现教育研究视角的创新，研究者要大胆联想。纵向，研究者可以将教育与古往今来的各个时期的各类理论或事件相联系获得新视角，如《教师专业道德建构——以王阳明“致良知”学说为分析工具》[①]；横向，研究者可以从哲学、社会学、经济学以及脑科学等一些交叉学科的理论视角研究教育问题，获得新的研究视角，如《基于脑科学的课堂教学设计研究》[②]。(3)论点创新。论点创新是指研究结论与学术观点的创新，即通过系统研究发现了不一样的研究结果，得到了不一样的研究结论。(4)方法创新。研究者采用该研究领域中新的研究方法或新的研究工具开展研究。(5)材料创新。研究者可以通过开展新的研究发现新的材料。一些常见的实证研究就是在研究材料上进行挖掘与探索，力求在该研究领域发现确切的现实问题，如《贫困地区中小学学生学习力的实证研究》[③]。

(四)规范性

在学术型论文写作中的规范性通常包括三个方面的含义。一是科学研究过程及成果必须符合科学规范。即教育科研的过程必须符合教

① 李西顺.教师专业道德建构——以王阳明“致良知”学说为分析工具[J].教育研究，2022，43(1)：72-80.

② 张家军，张佳丽.基于脑科学的课堂教学设计研究[J].教育理论与实践，2019，39(22)：56-59.

③ 张家军，张迪.贫困地区中小学学生学习力的实证研究[J].教育理论与实践，2021，41(25)：48-54.

育科研规范，在研究过程中要对研究对象进行相对全面、系统、严谨的梳理、分析或者评价，研究结论必须符合研究对象的性质，教育研究符合客观事实。严禁脱离客观研究对象的实际情况想当然地作出结论，进行学术作假，影响学术的科学性和客观性的行为。二是学术型论文的写作格式必须符合规范。学术型论文有特定的行文格式规范。三是学术研究态度要规范。也就是态度要严肃认真，论文的结构要完整，在表达和论证的过程中语言要准确、客观、严谨，尤其是要避免抄袭、剽窃等学术不端行为。

语言准确是所有文章写作的基本要求，学术型论文是要有明确的观点、严谨的论证的，而无论是观点的鲜明具体还是论证的缜密，最终都依赖于语言表达。模棱两可的语言不仅表意不清，易引起歧义或误读，逻辑上有漏洞的论证更会直接影响结论的可信度，对于学术型论文写作来说，这些都是很致命的。①

二、学术型论文的分类

不同的人对学术型论文的分类会有不同的见解和看法。通常我们可以从论文研究的内容、层次和性质对教育科研论文进行大致的分类。

在教育领域，按学术型论文的内容可将学术型论文分为理论型学术论文和应用型学术论文。理论型学术论文，侧重对基本概念和基本原理的研究。如王鉴的《课堂志：回归教学生活的研究》②，靳玉乐和张良发表的《我国新课改以来课程理论的发展及其影响》③等。应用型学术论文则侧重于如何用理论知识指导现实中的问题解决，直接对准并聚焦于教育

① 夏秀，于瑞桓，陈晓洁．新编大学写作［M］．青岛：中国海洋大学出版社，2018：137.

② 王鉴．课堂志：回归教学生活的研究［J］．教育研究，2004（1）：79-85.

③ 靳玉乐，张良．我国新课改以来课程理论的发展及其影响［J］．中国教育科学（中英文），2019，2（5）：77-87.

中的现实困境与挑战,直接服务于一线教学。如纪德奎和郭子超发表的《学科核心素养培育中课堂教学目标转换的困境与突破》①。

教育学术型论文按照研究层次可以划分为以下五类。(1)学前教育研究论文。主要研究学前教育的规律、原则、方法及学前教育管理诸方面问题。(2)普通教育研究论文。研究普通中小学教育中的教学管理、教育教学方法、教育过程、教材建设等诸多方面的论文。(3)高等教育研究学术型论文。研究高等教育布局调整、高等教育招生制度改革等高等教育问题的论文。(4)职业教育研究论文。研究大中专和普通劳动者的职业教育问题。(5)继续(终身)教育研究学术型论文。研究成人就业以后的教育问题。②

教育学术型论文按性质不同,可以分为以下三类。③

(1)理论分析型学术论文。理论分析型学术论文指的是围绕教育中的某一问题,用理论分析、事实论证来阐明自己所持观点的正确性。如:《对杜威道德教育"根本问题"的再认识》④一文对教育中的"道德原理"和杜威的道德教育的"基本原理"进行深度分析,提出道德教育的根本问题不是"道德观念"与"关于道德的观念"的区分,而是二者的相辅相成等观点。这篇论文便是将理论结合具体的实际并进一步探讨的理论分析型学术论文。

(2)探讨建议型学术论文。对教育教学中出现的某些新问题进行研究,提出建议,便成了探讨建议型学术论文。如:钟启泉写的《论"教学的创造"——与日本教育学者佐藤学教授的对话》⑤,和李长伟写的《教师是

---

① 纪德奎,郭子超.学科核心素养培育中课堂教学目标转换的困境与突破[J].中国教育学刊,2020(2):4-8.

② 薛根生.小学教师科研论文导写[M].长沙:湖南师范大学出版社,2000:107-108.

③ 薛根生.小学教师科研论文导写[M].长沙:湖南师范大学出版社,2000:109.

④ 高德胜.对杜威道德教育"根本问题"的再认识[J].教育研究,2020,41(1):16-29.

⑤ 钟启泉.论"教学的创造"——与日本教育学者佐藤学教授的对话[J].教育发展研究,2002(Z1):34-36.

谁？——与吴康宁教授的对话》[①]两篇文章均就某一教育理论或问题与学者进行交流探讨，提出自己的思考和见解，这便是典型的探讨建议型学术论文。再如，郭日发等人发表的《我国职业教育信息化政策的现状、问题及建议——基于95份政策文本的分析》[②]在基于职业教育信息化政策现状、问题的基础上，针对性地提出教育信息化政策“需兼顾学校发展和社会担当，以全面实现信息时代的政策目标”等建议。这类分析教育实际、提出建议和对策的文章也属于探讨建议型学术论文。

(3)未来研究型学术论文。其研究对象是“教育的未来发展”，是基于教育教学等方面的现实研究，对教育某一方面的未来发展作出预测性的研究，其功用是指明教育发展的方向。如，顾明远发表的《互联网时代的未来教育》[③]、罗生全和王素月发表的《未来学校的内涵、表现形态及其建设机制》[④]、王传毅等人发表的《“三孩”政策对教育规模的影响：面向2035的预测》[⑤]等论文均是在现有情况和理论成果的合理分析基础上对未来教育提出的可能的预想和推论，属于未来研究型学术论文。

① 李长伟.教师是谁？——与吴康宁教授的对话[J].扬州大学学报(高教研究版)，2004，8(3)：3-6.

② 郭日发，刘英群，韩锡斌.我国职业教育信息化政策的现状、问题及建议——基于95份政策文本的分析[J].电化教育研究，2023，44(4)：57-64.

③ 顾明远.互联网时代的未来教育[J].清华大学教育研究，2017，38(6)：1-3.

④ 罗生全，王素月.未来学校的内涵、表现形态及其建设机制[J].中国电化教育，2020(1)：40-45，55.

⑤ 王传毅，辜刘建，俞寅威.“三孩”政策对教育规模的影响：面向2035的预测[J].教育研究，2022，43(11)：124-135.

第二节 学术型论文写作的步骤与过程

熟练掌握学术型论文写作的一般步骤,明确写作思路,是写好学术型论文的重要保障。学术型论文写作的一般步骤为:确定选题—研究、搜集与整理资料—论证与组织框架—撰写成文—修改润色。

一、确定选题

"万事开头难"是因为"开头"为事件的发展奠定了基础和方向。就整个学术型论文写作而言,确定选题就是奠定论文基础和方向的"开头"。确定选题的过程是对研究对象进行逻辑梳理的思维过程。因此,确定选题是发现问题、明确研究方法和研究思路的关键。选题的好坏直接决定了研究成果的价值和意义,并进一步影响论文的质量。好的选题是学术型论文成功的关键。柏拉图的"洞穴隐喻"中,人人都被蒙蔽在洞穴里,认为墙上的"影子"才是事物真实的样子,只有挣脱蒙蔽,走出洞穴,才能明白墙上的影子为"虚",洞穴外面的世界为"实",而后才能带领洞穴里的人们找到光明,在思想上得到彻底的解放。若把柏拉图的"洞穴"与我们生活的世界作对比,我们不难发现生活中不乏蒙蔽和禁锢思想的洞穴,却往往不为人们所察觉。唯有打破思维禁锢,对“虚影”的权威和禁锢提出挑战,发现问题,才能找到真理和真正的光明。就学术型论文写作而言,提出问题便如同能第一个挣脱“思维虚影”里的枷锁走出洞穴的人一般至关重要。犹如牛顿提出“为什么苹果总是往下掉?”的问题一样成为整个物理学界乃至整个人类社会进步里程极具划时代意义的一步。虽然,真正提出如此具有“革命性”问题的人在整个人类发展史中都是极为少数的,但我们依然要坚定寻求“真理之光”的价值选择。对教育研究者而言,确定教育科学研究的选题就犹如寻找禁锢思维的枷锁,正因生活中有很多不为人所察觉的“洞穴虚影”,只要敢质疑,肯挑战,总能有所发现。

学术型论文写作的选题需要考虑两个方面的问题。一是该选题是否有价值。判断选题是否有价值,一方面,可以从实际出发,明确该选题是否为当前该领域中的重要困境,需要发展与改进。研究者还可以将该选题与国家和社会发展的大政方针和总体规划进行对比,找到符合当前国家与社会发展趋势的研究重点。另一方面,可以与该学术领域的研究现状进行对比,判断该选题是否能在该学术领域取得新的发现与突破。二是该选题是否具有研究的可行性。判断该研究是否具备可行性,首先要考量解决该现实问题的时机是否成熟。比如虽然将大数据与人工智能技术应用于教学中实现为每一个学生量身打造教学方法与手段是十分有意义的,但就目前人工智能与信息技术的发展水平来说,还难以实现。其次要考虑研究者个人的知识水平、调研能力等各方面的研究条件是否达到可以研究目标课题的要求,研究者要量力而行,从实际出发,全方面考量,选定大小和难易程度适中的选题。

选题来源上,教师可以从教学实践中选择。正如杜威所说“教育即生活”,教育问题就在教师的日常教育教学生活之中,教师要训练和发展自己的问题意识，从教育生活的真实情景出发，找到研究点。教学实践中的思想火花往往最具实践指导意义，研究的选题范围可从下面七个方面来考虑。

1.学科教材研究

对教材的研究可以是对不同教材的比较研究，如对同级同科目教材的不同版本进行比较等；也可以对教材进行选文、选例、练习等分块研究；同样可以对教材的知识能力序列中的重点难点等进行研究；亦可以对教材的错误进行研究；还可以对教材体现的培养目标进行研究。

2.活动课程研究

即对什么是活动课程，怎么样科学地开展活动课程，开展活动课程需要提前做什么准备等问题进行研究和实践，从而找到活动课程有效教学的规律和方法。

3.学科课程教法研究

学科课程教法研究是教学研究选题的重点来源之一，可以从教学特点、教学过程、教学模式、师生关系、教学辅助手段、教育心理学以及最新的教学动态等方面进行思考和研究。

4.活动课程教法研究

对各种不同类型活动课程的教学原则、教学方法、教学技巧、教学注意事项、教学难点，以及活动课程的育人效果、活动的设计、活动效果评价等，都可以进行研究。

5.学生学习研究

自主发展是学生发展核心素养的重要内容，学会学习已经成为新时代学生发展关键素养，也是教育教学的重要任务。因而学生的学习科学是当代教育科学研究的重点也是热点。研究者可以从学法与教法的关系、学生学习方法指导模式、学生学习的基本模式等角度入手。

6. 德育工作研究

德育工作是教育研究中的重要题材之一。教育研究者可以从学校、家庭、社会德育工作的视角出发对学生德育培养、德育内容、德育途径，以及德育评价机制、学校德育队伍建设等问题进行研究。

7. 教学管理研究

教学管理有其内在的特殊规律、丰富的研究内容和研究视角。教师可以从素质教育评估机制、教育管理与减轻学生过重学习负担等方面开展教育研究。[①]如：(1)不同管理主体中的教师管理和学生的管理。(2)不同管理内容中的校园管理、德育工作管理、教学工作管理等。(3)不同管理方法中的制度管理、情感管理。(4)不同评价方式中的定性评价、定量评价。

二、研究、搜集与整理资料

研究课题选定之后就要对选题进行研究，根据选题来确定好研究思路和搜集资料的方式。可以用于学术型论文写作的资料包括很多，如文献资料、音频资料、影像资料、调研数据等。通常，在教育研究过程中，我们都需要对搜集的图书、期刊论文等文献进行一定的文献综述和梳理。文献综述和梳理的主要目的有两个。其一是了解当前已有的研究成果，找到当前学者在研究过程中还未突破的难点和未知的疑点，即找到自身在写论文时可以创新的地方，也就找到了自己研究的意义和价值，同时也更加明确和细化自己的研究方向。其二是在充分了解当前研究成果的基础上，将已有研究成果作为自身研究的理论基础方法论指南。即为自己的论文撰写准备充足的论据，使论文的呈现更具有理论性和科学性。在从事实践型或应用型研究的过程中，通常需要搜集一定的实践资

① 薛根生. 小学教师科研论文导写[M]. 长沙：湖南师范大学出版社，2000：118.

料，如实验数据、调研过程中获得的问卷或访谈、观察的资料等等。不管是理论型研究还是实践型或应用型研究，都须率先进行文献综述和梳理。而实践型或应用型研究还需要在已有文献综述的基础上选择或设定实践资料的搜集思路和方法。实践数据的搜集往往是一个复杂而庞大的过程、需要科学手段和方法的过程。不同的数据资料在搜集过程中的规则和要点有所不同，但都要求根据实践目的需要，设计科学合理的研究工具，进而客观、严谨有序地搜集和整理。

教育科研中学术型论文搜集材料的途径主要包括两个方面。一是在已有研究成果中搜集有用的材料。从事学术型论文写作，必然要对研究现状进行分析，找到已有研究的发展趋势和可能的不足，以及研究者可以取得突破的论点，因此已有的研究成果是非常必要的材料，是从事学术研究的基点。二是从教师自身的教学实践中搜集。在一线从事教育教学的教师，要注重积累在教育教学实践中的心得和鲜活的材料，把这些材料合理地用到论文中，往往可以使读者产生共鸣，更具有感染力和说服力。①如魏书生发表在《江苏教育》杂志上的一篇文章《最好的管理是让学生自我管理》②，文章列举了其多年从事教育管理的经验，将让学生学会自我管理的理论和想法娓娓道来，引发教育者共鸣，易于理解也极具说服力。此外很多著名的一线教育家，就是很好地利用了其在一线工作中的教育教学经历和体会，在深度思考的思维加工过程中才有所建树。因而一线教师在日常生活中就应当有多阅读多记录和积累日常教育经验和想法的习惯。日积月累，积少成多，从而在进行学术研究的时候就不会缺乏想法和资料。

---

① 薛根生．小学教师科研论文导写[M]．长沙：湖南师范大学出版社，2000：121.

② 魏书生．最好的管理是让学生自我管理[J]．江苏教育，2017(39)：1.

三、论证与组织框架

在经过充分研究与资料搜集后，我们需要运用科学的方法对已有的资料进行分析。步骤如下所述。第一步，在分析材料前要有一定的方法论指导，明确不同资料所适应的分析软件与分析工具，同时明确研究过程中所需要的理论基础。第二步，选定和分析材料。掌握正确的分析方法，了解并清楚每个材料能说明什么，各个材料之间是否有什么关联，以及有什么样的关联。在选定材料时应当尽可能地选择最精当、最具有说服力的材料，同时也应当尽可能选取不同角度的材料，而后运用科学合理的数据分析软件进行分析。第三步，确立论点，其中包括中心论点与分论点。分论点要与中心论点密切相关，同时分论点与分论点之间也要逻辑清晰、层次分明、联结顺畅。第四步，选择材料拟写提纲。提纲是论文构成的基本框架，把论文比作一棵大树，提纲就是大树的枝干，因此提纲可以用树状图或用序码和文字构成的逻辑图表呈现。通过提纲的编拟，对全文的内容作通盘的安排，对结构作统一的布局，规划出论文的轮廓，显示出论文的条理层次。因而提纲具有明确思路和规划结构两大功能。作者在提炼提纲的时候应当具体考虑论点、材料和内容排序的问题。

四、撰写成文

在拟好提纲之后，就可以进入论文的撰写阶段。研究者在撰写论文时要明确该过程只是撰写论文初稿，而不是形成完稿或直接定稿。在论文撰写阶段，作者应当紧紧围绕提纲尽快写完，并尽可能一次性写完，一气呵成，保证文章前后连贯，而不能纠结徘徊于细枝末节。过于注意细枝末节容易使思路偏离逻辑主线，降低思维的运转速度，影响语言的流畅。此外，作者在撰写论文初稿时要熟练运用学术型论文写作的逻辑。学术型论文写作与开展学术研究的逻辑不同，开展学术研究是问题导向的，是一个层层抽丝剥茧，寻找答案，得到研究结果的过程，而开展学术型论文写作的逻辑则是结果导向的，是从主要观点（研究结论）出发，选取可以论证研究结论的材料以恰当的逻辑加以论证的过程。撰写论文时应当以研究主要观点即研究结论统率全局进行谋篇布局。而后选取最直接、最相关的材料进行论证。研究过程中与撰写成文时对材料的要求不同。在开展研究时讲究材料越多越好，而在撰写论文时则不能堆砌材料，应当对材料进行选取和加工，提炼出最优的材料。如果学术型论文撰写过程等同于研究过程，就很可能会导致头重脚轻，过度赘述搜集材料的过程，或者堆砌材料，详略不当，甚至导致结构松散，论证逻辑不严谨等问题。

五、修改润色

作为学术研究者对待学术应当认真严谨，若非多次检查确认无误，不应该草率定稿。好论文是改出来的，对论文内容进行越加细致的琢磨和润色就越能避免论文中的错误，提升论文的质量和水平。打造一篇好的学术型论文，不仅要研究者实实在在地做研究，对研究对象深度挖掘，找寻真理，更要研究者在撰写研究成果时深思熟虑，精心构思，把研究内容熟记于心，对撰写的内容精心打磨，力求精品。如若需要对修改前后的作品进行对比，研究者可采取保存多个版本的方式。切不可因为对初稿“怜香惜玉”舍不得大刀阔斧地修改。此外，研究者在撰写完论文初稿后不仅可以自己多次润色修改，还可以寻求他人的修改建议，以获得新的启发。

根据学术型论文的主要内容，在修改时可以从以下几个方面展开。(1)完善题目。对已有题目再次推敲，并尽可能使其凝练，同时体现新意，吸引眼球。(2)调整结构。认真检查文章骨架结构是否层次分明，布局合理有序，逻辑展开顺畅严谨，各部分详略得当、协调平衡。(3)修改论点。修改论文时要对论文论点反复推敲，确保表达凝练，紧扣主题，达到枝点生花，栩栩如生的效果。(4)修改例证。确保每个论点都有理有据，且各例都能直接有效地支撑论点、提升论证的说服力，不出现悖论与矛盾。(5)修改语句。修改时要字斟句酌，用心润色，对言不达意或可有可无的字句进行删改，力求文字表达准确、凝练、严谨。(6)调整格式和图表。依据相关国家标准对文章标点符号与参考文献、注释、图表的格式逐一检查，遵循相关格式规范。[①]

① 薛根生.小学教师科研论文导写[M].长沙:湖南师范大学出版社,2000:132.

第三节 学术型论文的写作方法与技巧

一、如何拟定论文题目

如果把“眼睛是心灵的窗户”比喻借用于形容论文题目与论文的关系，那么论文题目就是论文的眼睛。读者在对海量的文献进行追踪、检索与筛选时，都是通过论文题目快速判断文章的内容乃至研究的价值与意义。论文题目的好坏几乎直接决定了读者的阅读兴趣。因此，论文的题目应当题以最少数量的词汇醒目地传递论文的信息，以新颖、准确的表达吸引读者的注意。拟定论文题目要把握如下几个要点。

1.题文配适

题文配适是指题目要与文章内容相契合，不能出现“题文两张皮”的毛病。研究者在撰写学术型论文时，可以将中心思想和主要观点提炼，作为题目，以达到题文高度适配的目的。现实中研究者在提炼题目时更多的问题是题目过大或题目过小，其本质上是选题不当造成的。选题是否恰当直接决定了研究是否成功或研究是否有价值。选题与拟定题目不同，选题是拟定题目的先决条件。教育研究者如何确定学术型论文的选题，在本章的第二节已做了系统介绍，此间不再赘述。

2. 求精准忌虚空

论文题目应当力求精准，避免模糊不清与产生歧义。避免使用空泛晦涩的词语让读者摸不着头脑。为求题目表达直接醒目，可以将核心关键词放在题目开头。例如"学业负担的技术治理：价值审视、向度剖析与限度澄明"中"学业负担"是研究对象，"技术治理"是研究视角，二者都是文章的核心关键词，而"价值审视、向度剖析与限度澄明"则是文章的大致范围。该题目把研究对象、研究视角的核心关键词放开头，又用三个词概括了文章的主要范围，实现了精准提炼文章核心内容的目的，若是以"学生的负担"为题就会给人以题目空大不知所云之感。

3. 求凝练忌冗长

文章题目过于冗长会不利于读者迅速把握关键词，容易给读者留下作者不会提炼概括的印象从而质疑文章的质量和水平。论文题目应当力求用最凝练直接的词语呈现更多的信息和最本质的内容。中文论文题目一般不超过20个汉字。

4. 求新意弃平淡

论文选题富有新意后，就为有新意的论文题目奠定了基础。为快速吸引读者的眼球，激发读者的阅读兴趣，论文的题目要在保证题文相配、精准表达的基础上力求新意。因此，研究者在拟定题目时同样需要字斟句酌，在"信"与"达"的基础上追求"雅"，以新颖的词汇进行表达。如"走出'数字洞穴'：数字化时代的生存隐忧与教育应对"和"重新认识儿童：论'数字土著'的四维特征"用柏拉图的"洞穴"隐喻信息泛滥的数字陷阱，用"数字土著"形容从小就在数字化环境中长大并对数字化高度依赖的儿童。两篇文章的题目用词都大胆创新、形象生动、富有新意。

总体而言，教育研究者在学术型论文写作中，要拟定一个合理且富有新意的论文题目，需要研究者具备诸多方面的能力：一是要有较扎实的教育专业学术功底和广博的综合知识储备，在拟定题目时能精准提炼教育专业领域的关键词，同时又能调动诸多领域的知识储备加以合理化乃至进行创新性应用；二是要有较高水平的文字运用与表达能力，在拟定题目时可以做到言辞达意、重点突出、抓人眼球；三是积极关注教育领域和相关研究领域的学科发展动态，了解教育学科以及心理、哲学等相关学科的最新成果、发展趋势以及现实问题和发展困境。

二、如何拟定论文提纲

教育学术型论文的提纲是整篇文章的骨架，是对文章进行谋篇布局、铺陈转合设计的结果。论文提纲犹如建筑物的结构框架，将对建筑物的整体样式起到基础性决定作用，亦如一棵大树的枝干会奠定整棵树的形态样式的基础一般。完整的框架中，各支架之间必须紧密衔接，不能隔断或松散凌乱，更不能缺乏完整性。它应当是一个整体，而不能是联系不密切的支架堆砌出来的“多个单体”。论文中主要论点与各分论点应当逻辑严密、环环相扣、层次分明并浑然一体。

要写好学术型论文的提纲应当明晰论文提纲的内容、形式和要求。

1.提纲的内容

(1)紧扣结论，明确论点。撰写论文提纲要围绕选题内容提炼论点，把文章主要结论比作大树的主干，论点则是大树的分枝和关键节点。论文中的论点分总论点和分论点，在拟定提纲时先要确定论文的总论点，再从不同的角度确立分论点来支撑这个总论点。例如我们如果要写一篇《农村小学教师数字素养的实证研究》，先要明确总论点——“农村小学教师学习力很重要，要努力提升农村小学教师的数字素养”，然后从三个方面来确立分论点：a.小学教师在线学习力是什么，为什么重要；b.农村小学教师学习力的发展困境是什么;c.提升农村小学教师学习力的策略有哪些,如加强教育信息数字库建设力度、加强教师数字素养培养、推动网络研修共同建设等。教育研究者在撰写提纲时要明确总论点下应当设有分论点,分论点之下还要设有小论点,这些论点之间要层次分明、衔接有序,不能“越级”杂糅在一起,而应形成一个清晰周密的逻辑网络。

(2)紧扣结论与论点,精选材料。明确论点后,接下来就要围绕文章中心和论点精选材料。在选取材料时,首先要保障材料与论点的适配性,即二者必须严密相关,材料作为论点的论据,应当可以直接有效地说明论点内容。其次,在挑选材料时应当在众多可以适配的材料中再力求材料富有典型性、新颖性和说服力。材料筛选完后就可以将材料的关键词与论点一一匹配地填到框架中。

(3)依据逻辑思维顺序排定次序。明确论点后,需要依据逻辑思维顺序对论文的内容进行排序。就撰写学术型论文而言,惯用的逻辑思维主要是演绎思维和归纳思维。演绎思维注重前因后果,需要依据事件产生的原因、机制、影响等关系加以探寻,可以依照“是什么”“为什么”“怎么办”的思维逻辑排序。归纳思维注重从各类复杂多样的资料中归纳并抽象出问题的本质。可以依照“由浅入深”“由易到难”“由表及里”“由前到后”等顺序进行排序。

2.提纲的形式

论文提纲的形式有两种:“粗纲”和“细纲”。其中“粗纲”只提炼主要观点与支撑主要观点的分论点,通常只拟到二级标题。下面便是一篇论文的“粗纲”。

论教师日常教学生活的文化意蕴、表征及改造①

一、教师日常教学生活的文化意蕴

二、教师日常教学生活的文化表征

(一)教师思想意识上的保守性

(二)教师日常教学活动的重复性

(三)教师处理日常教学事务的经验性

三、教师日常教学生活的文化改造

(一)变革日常教学生活的文化根基

(二)保持自在文化与自为文化之间的张力

(三)构建教师学习协同体

(四)促进教师的教学文化自觉

"细纲"相对于"粗纲"要更加详细和具体,"细纲"会把文章主要观点、分论点和分论点下的小论点,以及与之相对应的论据排布、论证方法等详细标出,进而显示出论文框架、网络、梗概的基本面貌。下面是一篇论文的"细纲"部分内容。

中小学劳动教育的异化与回归②

引言:《关于全面加强新时代大中小学劳动教育的意见》指明劳动教育的重要性和现实被忽视与异化的现状。

一、中小学劳动教育的应然价值追求(围绕"人"本身)

(一)精神关照:树立正确劳动观,磨炼意志品质

论据:黑格尔名言、传统美德。

(二)实践淬炼:解放身心,创造美好生活

论据:马克思主义实践观、劳动教育观。

---

① 张家军.论教师日常教学生活的文化意蕴、表征及改造[J].课程·教材·教法,2018,38(3):56-61.

② 张家军,韦敏.中小学劳动教育的异化与回归[J].北京教育学院学报,2021(5):29-35.

(三)社会化发展:形塑自我,提高交往能力

理论支撑:群体社会化。论据:“人是社会关系的产物”名言、埃米尔·杜尔凯姆名言、伽达默尔名言。

二、中小学劳动教育的实然异化倾向(异化的概念阐述:弱化、淡化、虚无化;异化内容:劳动教育目的、劳动教育课程、劳动教育实施、劳动教育评价)

(一)劳动教育目的工具化,育人价值缺失(规训与惩罚手段、逐利工具、休闲娱乐方式)

(二)劳动教育课程边缘化,重视程度不足(课程数量少、课程内容质量低)

…………

拟定“粗纲”还是“细纲”,要依据研究者的爱好、习惯和文章篇幅大小、复杂程度而定。通常论文提纲写细一点更便于指导论文写作,从而避免结构不严谨或者论证不合理的情况。此外,研究者在撰写论文前可以将“粗纲”与“细纲”联合起来使用,即先拟好“粗纲”,再根据“粗纲”的框架进行拓展和补充,进而完成“细纲”的撰写。图表式和短文式是编写提纲最常见的两种方式。图表式的提纲以图表方式呈现,用简明的词组概括出总论点、分论点、小论点、论据及采用的材料,简洁明了,结构立体感强。短文式的提纲以文段的形式呈现,采用句子表述文章的中心观点、结构层次、相关理论、论据、材料等,可以得到更加清晰具体的表达。因此,研究者在写作中,可以将两种提纲方式相互结合使用。

3.提纲的要求

拟定学术型论文提纲,要注意以下要求。

(1)围绕主题,凸显主题。提纲撰写要围绕中心主题展开,在文章架构上使文章达到中心突出、层次分明的效果。同时,结构的编排还要使

文章逻辑条理清晰，能充分凸显文章的主题，从而使文章的价值内核得以凸显。围绕主题撰写提纲，突出主要观点才能使文章结构不散架，免于成为杂乱无章的材料堆砌或内容的东拼西凑。

(2)具有综合性、体现整体性。首先，论文提纲的综合性要求论文的总论点、分论点、论据、语言等各要素要系统地组成一个整体，实现系统最优化。在组织的过程中，论文各个要素要在充分发挥其各自的功能的同时，实现相互配合、相互支撑进而达到相得益彰的整体效果。论文各要素之间应该有密切的逻辑联系，在撰写提纲的过程中不应该把每个要素割裂开来看，而是要把它们系统地、有逻辑地综合起来，形成一个统一体。其次，论文的提纲应该是一个完整统一体，是整篇论文的缩影。论文各要素要齐全，论证时尽可能考虑全面，不留漏洞。论文提纲要严密紧凑，论文主线要一贯到底，并首尾呼应。

(3)高度凝练，凸显思路。拟定提纲是为了在写论文之前明晰写作思路，保证主要观点的论证框架的合理性。通常提纲中概括出的论文骨架是论文每一小部分的核心，可以当作小标题使用。故而，提纲的框架要尽可能高度凝练，突出要点，使文章的论证思路得以凸显，文章骨架一目了然，进而为后续对结构进行调整、完善或修改提供方便。与文章骨架相对应的论据、材料，或论证方法可用关键词在相应位置适当排布，但不必写得过于详细，过度呈现细节不仅浪费精力，也不利于在撰写文章时保持语言与思路的连贯，达不到一气呵成的效果。

三、如何写好摘要

学术型论文的摘要是对文章主要内容的高度浓缩与概括，因此写好学术型论文摘要的核心要求有两个：尽量简洁与尽量全面。这两个要求看似矛盾，但事实上并非如此。“简洁”是要求摘要用简短的语言概括文章的主要内容，把握文章结论是摘要的关键，要尽量围绕文章主要结论写，突出文章中心要点，不能枝蔓旁生，要删除无关紧要的内容；“全面”是要求摘要在简短的基础上，对文章主要内容进行浓缩，阐明文章的研究目的、方法和结论，尽量把与论文结论有关的核心论证和相关结论写明。

具体而言，摘要的主要内容应采取以“问题—结论”为逻辑导线的写法，即从问题出发，以论证结论为目的，同时阐明结论产生的论证手段和依据。教育科研论文中，学术型论文摘要的具体内容应包括：(1)论文研究的问题，即论文的中心论点；(2)研究方法，若论文采取了具有特色的研究方法，应在摘要中说明；(3)理论依据，即如果论文采用了与本学科不同的理论依据与价值判断，应予说明；(4)主要结论和核心观念，即说明论文的核心结论，并通过核心结论的论证进一步阐明和突出文章的核心观念。撰写摘要的另一个技巧是摘要主要内容撰写要围绕关键词展开，同时保证关键词在摘要中都得到反映。关键词的主要作用是为读者提供检索方便，尤其是可以为读者在互联网上开展大范围主题搜索提供方便。同时，关键词还可以部分克服读者通过论文标题检索论文的局限性。当论文题目无法全部涵盖文章主要内容时，关键词则可以为文章核心内容作进一步补充，提供检索方便。可见，关键词是论文核心要点的高度浓缩词，故而摘要的撰写也可以围绕关键词展开。

此外，撰写摘要时还应注意以下几个要点：(1)以论文的主题为摘要开篇，而不宜用“本文”字眼以文章主要内容概括直接展开；(2)摘要在说明论文结论时不能模糊不清，泛泛而谈，而应当具体明确；(3)若文章采用田野调查等其他特殊方法，其论证过程往往比研究结论更重要，应当将研究方法重点说明。①

---

① 徐雨衡.学术论文摘要的写作之道[J].出版发行研究，2012(2)：60-62.

四、如何展开论证

学术型论文中的论证是用论据来证明论点或者反驳谬论的推理形式和思维过程，用以衡量论文研究的规范程度和严谨程度。[①]学术型论文的论证作为一个严密的逻辑思维过程，要围绕核心问题展开严密和有条理的论证，而不能随想随写，天马行空。学术型论文的论证过程需要注意如下问题。一是不能只提出问题、罗列现象或观点，缺少有说服力的分析、逻辑推导的论证过程。一般而言，学术型论文论证出现问题，主要的原因是缺少论据，归根结底是缺少对问题的研究和相关资料的搜集整理。二是论证方法要科学，符合科学性与规范化要求。三是论据要真实可靠，应当检验资料是否全面，资料来源是否可靠以保证真实，以及检验引证是否规范。四是论证逻辑要严密，要检验理论前提是否科学，概念使用是否准确，论证过程是否系统，逻辑推理是否严密有效。教师在日常教学过程中应当养成阅读和记录的习惯，不断充实写作材料，充分并深入理解和掌握搜集到的材料，进而提升学术型论文论证的能力。

演绎法和归纳法是学术型论文论证中最基本的方法。演绎论证多见于应用型的论文中，主要论证某些实际问题应当如何解决，因此其论证过程需要在有关理论的指导下分析问题产生的原因、影响因素、相互关系、解决办法的运行机制等，遵从事物发展变化的逻辑顺序。归纳论证则多见于原理型的学术论文中，是从大量复杂多样的材料中剖出真相，找到本质的归纳过程。二者之间最大的区别是：演绎论证得出的是必然性的结论，而归纳论证只能得出可能性的结论。演绎论证过程是环环相扣的，因此应确保论证的大前提的正确性，所提出的假设，要有明确的理论依据，并且从理论依据到提出假设的过程要进行充分论证，上一

---

① 张天舒．学术论文写作中逻辑论证的方法与路径［J］．写作，2019(4)：76-82.

个子命题的结论是下一个子命题的前提或假设，一旦有一环的前提或假设出错，最终的结果也会跟着走向偏差。在归纳论证前应当注意对众多材料进行检验，确保相关性、真实性和准确性，同时在论证过程中清楚地交代和强调样本材料的代表性和充分性，如此才能让归纳论证出的可能的结论成为“极为可能的结论”，从而使文章的结论更具有说服力。

此外，在开展论证的过程中应当避免以下“不合逻辑”的论证。(1)研究对象、核心概念定义不明确，理论前提交代不清。(2)循环论证。即把有待证明的观点当作前提条件，或者前提的成立以结论的成立为条件，从而变成同一问题反复说明的现象，如“老师都知道关爱学生的重要性，所以人们把‘关爱学生’作为教师职业道德规范”。(3)假设不能成立。错误的假设必将导致错误的结论。在论证中如果论证的前提是假设，而非客观的事实，就需要检验假设是否确实可以成立，如若假设不能成立，其论证结果也必然不会成立。(4)迷信传统、权威和大多数。“传统、权威或大多数”并不等同于客观事实或客观真理，因此不能让论证过程更有说服力，真正让论证产生说服力的前提应当是遵从客观事实或客观真理。

逻辑错误是学术型论文的致命错误。学术型论文的根本特性之一便是科学客观性。因而为避免学术型论文的论证出现严重的逻辑错误，我们在进行论文内容的论证逻辑修正时可以进行如下问题的检验。

(1)是否明确了研究的主要观点，并将其清楚地表述出来；

(2)是否为研究对象下了内涵单一且明确的定义；

(3)根据论文的研究方法判断，研究过程属于归纳推理还是演绎推理；

(4)文章前后连接线条中从大小前提到各自的结论是否衔接顺畅，联系密切；

(5)是否对每个论证前提到结论的过程，或作为后一命题前提的结论都进行了论证；

(6)研究启示是否从更大的范围、更高的层次或在更普遍的情境下展开可能性、可行性、适用性探讨？[①]

五、论文的语言表达技巧

语言功底是论文写作的基本功，语言表达的好坏会直接决定论文的质量水平。学术型论文的语言与其他文章和日常用语不同，因学术型论文对科学性和规范性的高要求，其语言风格相应地就需要严谨、准确、精练，避免口语化，语言内容要凸显"实"而不是"虚"。要达到凸显文章内容"实"的要求，文章语言应当做到简洁性与确定性相统一。既要准确用语，形容贴切，又要尽量简洁，追求"字无虚发"，避免过于杂乱不清。同时，为保证文章的客观性，论文语言要留有余地，切忌过于绝对化的表述，或者"把话说太满"，如"西北地区教育信息化程度普遍偏低"。另外，为提升学术型论文论证过程的说服力，文章语言表达还应当富有张力，即文章中有客观类别对比，事物前后变化差距，"应然"与"实然"的差距分析等。

在进行语言表达润色与修改时，可以从以下几个方面着手：(1)改正用词不准确，搭配不当，句子成分残缺的语病问题；(2)解决语句过于啰唆，不够简洁精练，不够准确以及口语化的问题；(3)删去表述不清，晦涩难懂的不常见字句；(4)改正表述不严谨，表述过于绝对化的问题；(5)精选材料，避免材料堆砌；(6)按照国家标准，规范标点符号的使用。

① 张天舒.学术论文写作中逻辑论证的方法与路径[J].写作，2019(4)：76-82.

要解决语言上的问题，作者需要从研究和写作几个方面下功夫。一是要多读、多注解。即阅读各种形式的政策文件、文章，根据自己的理解对所读的材料进行注解，注解的过程中模仿相关材料的语言风格和习惯，将主要内容概括出来并加以评价，进而不断训练自己形成优良的语言风格和文风。二是要多思多写。就教师而言，开展教育科学研究是专业成长必不可少的一环。学术型论文写作本质上是研究成果的思维转化过程，而思维过程则需要通过“多思”进行训练和发展。教育工作者从事教育研究就应当在教育生活中多看多思，同时将所思所想及时记录下来，既是积累材料的过程，也是思维加工过程。要提高写作的语言表达能力，必然需要多写多练。三是写作的过程中坚持“以我为主，抒己之见”，合理将他山之石与自主创新相结合。要正确对待引用的材料，规范地将引用和参考的部分标注清楚，避免抄袭，养成严谨的学术态度。同时，要确立自信和实事求是的态度，做到“不唯书、不唯上、只唯实”，做学问、写文章要追求真理，直抒胸臆，不功利也不盲从。

六、如何写好论文的结尾

学术型论文的结尾是文章最后一部分，其内容或总结或反思或展望，以总结较为普遍。在对文章进行总结时，要从研究问题出发，归纳研究问题下各分论点的主要结论，并由主要结论推导出研究启示亦即文章的主要观点。若在结尾进行反思，则要对研究的过程或方法的不足，以及研究结论的推广性作出思考。若在文章结尾进行展望，则需要在更高层次、更大范围或更普遍的情境下对研究启示展开可行性、实用性论证，或对研究结果的未来趋势作出预测。

在撰写论文结尾时应当注意避免以下几个问题。一是结尾中论文主要结论和观点不明。主要结论或主要观点阐述不清的文章如缺砖少瓦的房屋,是不完整的。二是结尾偏离主题,主要结论与主要观点与文章主要内容不匹配,没有对研究起到总结概括的作用。三是泛泛而谈,内容空乏,缺少或没有意义。四是对相关研究内容的发展趋势的预测不科学。在进行预测时没有依据研究结论展开,而是想当然,甚至夸大研究发现的可行性与适用性。

好的结尾不仅可以起到画龙点睛的妙用,还能为未来学者们的研究指明下一步研究发展的方向和趋势。因此,写好论文结尾要在论文的宏观概括上下功夫,撰写结尾时要能高度概括文章的核心思想,旗帜鲜明地表明自己的观点,同时还要能突出研究的亮点与创新点,在现有结论和现有创新点的基础上,为该研究领域的发展趋势提供预测的依据。要提升论文结尾写作的总结归纳能力,可以通过给日常阅读的材料写总结进行训练。同时也可以通过仿写学术型论文中的不同类型的结尾实现论文结尾表述能力的提升。

第七章 经验型论文的写作

●○“经验”是一个常常被提及的词汇。从认识论的角度来看，经验作为人类大脑对客观事物的反映形式而存在，它源于个体在一定的条件下所从事的直接具体的社会实践活动。杜威曾经说过：“经验虽有陷阱，但它却给予人们以指引行为的适当的步骤所需要的光明。他们断定那出自高级贤能的所谓的权威的指导实际上阻碍了人们。”[①]可见，经验对于实践具有指导作用。有时过分看重还未出现的指引实践的理论，不如重视已经存在但仍有缺陷的经验。

相对于学术型论文通过系统知识以及逻辑程序揭示内在本质和一般规律，经验型论文的重点在于通过对实践经验分析和概括，进而形成理性认识以把握教育现象的本质和规律。尽管以学术科研论文来呈现教育教学经验的形式是在现代社会逐渐发展成形的，但对于教育教学经验的分析和总结却已有数千年的历史。我国的《学记》就比较系统全面地总结概括了教学相长、藏息相辅、长善救失等教育教学经验；孔子的弟子们也将孔子的教育经验总结在了《论语》里；我国的陶行知、苏联的苏霍姆林斯基等现代教育家也用自己的教育经验为教育科学领域增添了宝贵财富。作为工作在一线的中小学教师，在长期的教育实践工作中积累了大量经验。若能将这些经验分析、概括、抽象后，提炼成文，再加以推广和普及，相信势必会对教育事业的发展产生巨大的推动作用。

① 吴刚平.教育经验的意义及其表达与分享[J].全球教育展望,2004,33(8):45-49,56.

第一节 经验型论文的特点与分类

一、经验型论文的特点

(一)综合性

经验型论文的研究对象是教育教学活动中的经验。由于教育教学活动充满个性化,因而教育经验也生动具体,富有变化。在撰写经验型论文时,使用任何一种单一的研究方法都是无法完成的。因此,经验型论文的写作需要研究者综合运用多种教育研究方法。通常教育调查法、教育实验法和经验总结法等要交叉配合使用,取长补短,相辅相成,共同完成科研任务。研究方法的选择还要基于具体情况,如在搜集生成经验的事实性资料时,要运用调查法或观察法;在将已有的事实升华成理论时,要运用综合分析、演绎归纳的逻辑分析方法;在阐述或讨论经验的关联性和普遍意义时,要运用文献研究法;在总结经验归纳出理论观点后,要运用实验法检验经验是否具有有效性和科学性。总之,经验型论文的知识基础来源于经验,是关于事物的局部或与外部联系的感性认识,它不同于量化研究可以依靠控制变量、检验假设,探索事物与事物间的数量关系，以揭示事物的本质，它需要通过“质的”以及“量的”多种不同类型资料揭示事物特征、发展历程以及各种影响因素关系，从而认识事物的本质，具有综合性的特点。

（二）回溯性

经验型论文通常是在某种实践性活动基本上告一段落，效果初步显现时，再对搜集到的感性材料思维加工，从而获得有价值的理性认识。它并非只针对正在发生的教育现象和教育活动进行考察，也非预测教育现象和教育活动的未来发展趋势，而是基于对已经发生了的教育现象与教育活动事实的研究，将所获得的经验提炼成理性认识的一种论文形式。可见，回溯性是经验型论文的一大特点。

（三）概念化

经验型论文的另一大特点是概念化，即使用概念或概念系统描摹实践经验，以理论性表述抽象概括实际经验。经验型论文相较于一般的教育经验总结报告，它将普通的教育教学经验通过加工形成了教育理论，而概念化就是其中的必经之路。只有概念化才能将纷繁复杂的经验简约化，圈定问题范围、抓住核心所在，从而使教育的不断改进和完善成为可能。另一方面，经验型论文的本质即为把教育教学实践中收集获得的经验，通过分析、概括、抽象、提炼等步骤，从感性认识升华成理性认识。只有把实践经验转化成为理性认识，我们才能够克服经验的片面性等局限，赋予其普遍的指导意义。综上，教育经验现象能否被概括、实现概念化是衡量经验型论文成败的关键。

根据学者吴刚平的研究[①]，教育经验概念化的本质是从经验事实中

① 吴刚平．教育经验的意义及其表达与分享[J]．全球教育展望，2004，33(8)：45-49，56.

提炼出观点和理论,可以围绕以下几个方面进行。

(1)寻找核心概念。当我们敏锐地发现一些具有研究意义的教育现象或问题时,我们就可以找到一个或几个相应的核心概念匹配我们的教育经验,并指导教育实践。这种教育概念可以源于现有概念的借用和改造,也可以是被创造性地提出的。

(2)构筑概念框架。对匹配的概念进行阐述,明确概念所指的教育事实主要属性以及相关概念之间的关联。除了核心概念,我们还需要使用子概念和相应的范畴来构筑概念系统或概念框架,因为单独的概念只有在与其相关的概念框架内才能被准确理解。

(3)解释教育现象。构筑概念框架的主要目的是建立起一个研究和解决问题的基本模型,帮助我们讨论、分析和解决问题。一个合理的概念框架可以帮助我们解释经历的教育现象、教育事实和教育行为,深入剖析问题的关键和本质,消除误解和曲解,加深对教育的认识和理解,并探索正确的行动策略。通过这个过程,我们不断积累、澄清和表达我们自己的教育经验,从而丰富了教育经验。

(4)改善教育实践。教育经验概念化不是为了纯粹的理论概念化,而是为了最终改善教育实践。实际上,建立在原理水平上的认识才具有巨大的丰富性。只有通过原理的认识,才能有深入地理解和创造新实践的理论基础。

(四)生动性

经验型论文的结论大多是概念化的理性认识,可见其本质上属于质性研究范畴。虽然经验型论文需要对大量经验事实进行提炼,但概念化的陈述方式仅仅只呈现概念本身及其范畴,而忽略了概念及其范畴所来自的经验事实和依托的具体情境。因此,与一般的质性研究论文相比,经验型论文也有着生动、具体的特殊性。比如，在材料的搜集方式上，经验型论文可以不像其他“质的”研究论文那样严苛和讲究，相对更为灵活；在对搜集到的资料进行描述时，也可以不像其他“质的”研究论文一样“原汁原味”，它既可以是偏理性的论证性表述，也可以是接近于真实的事实性描述。经验型论文毕竟还是源于教育教学实践活动中所积累的经验以及过程中生成的感性认识。不管是实践活动还是感性认识均脱离不了特定情境。情境中的某些经验主体和产生经验的条件往往是密切联系在一起的，是具体生动且富有变化的。

二、经验型论文的分类

（一）经验升华型

按经验的成熟程度，杜威将经验分成了两类：原初经验和反省经验。原初经验是指一种包含了原始材料、原始感悟的经验认识，虽然它还没有深入到题材的关联、因果、规律性的认识中，但它却是一切经验认识的原始地。反省经验具有更进一步的反思性与实践性。“随着经验在数量上增加，经验的价值也成比例地提高，和以前很不相同。所以，经验的质量起了变化，这种变化非常重要，我们可以称这种经验为反省的经验。”[①] 中小学教师在教育教学实践中积累了很多的原初经验。在大量原初经验的基础上，加以提炼和总结，将其上升至反省经验，并写作成文，就是经验升华型论文。这类论文可以采用一事一议或者举例子的方式来写。在写作过程中，需要牢牢抓住论述主线，将反省经验作为论点，提出论

① 约翰·杜威．民主主义与教育［M］．王承绪，译．北京：人民教育出版社，1990：154.

据，进行论证，避免流于表面，将重心放在事例的叙述上。“摆事实”是为了更好地“讲道理”，是这类论文的最大特点。

（二）概括归纳型

概念化是经验型论文的明显特征之一。教师把自己长期在教育教学中积累的实践经验进行转化、加工、归纳、提炼，并升华形成理论，把自己已实践的成效较好的做法、经过反思后的失败经验加以归纳、概括，并以旁观者的口吻将叙述事实的做法变为表达观点的看法，写作成文，就是概括归纳型论文。一般来说，这类概念化特点明显的论文，可以借助切片分析的方法。在教学实践经验归纳中思考“是什么？”“为什么？”“怎么办？”三个问题。通过三个问题，分别定性、分析功能、明晰操作，形成完善的概念化经验。

（三）理论启迪型

教师在学习教育教学理论时，若对某种理论感到亲切、产生共鸣，则可撰写理论启迪型论文，结合实践经验来阐述自己的观点。理论启迪型论文须逻辑严密，有条理，先亮出论点后提供充分论据进行分析以得出结论。需要注意的是，论述不能只是一味地对某一教育理论进行举例说明，应注重加入自己的新思考。理论启迪型的论文也可以是当不同意某一教育理论时，提出个人看法进行批驳或商榷，形成批驳性或商榷性论文。如在《情境教学：指向语文核心素养的操作性范本》一文中，作者在对情境教学理论本身透彻理解的基础上，在自己的实践过程中通过对教学经验的不断总结，结合教育热点问题——核心素养，产生了新的思考，形成了指导实践操作的理论启迪型论文。①

① 金丽敏．情境教学：指向语文核心素养的操作性范本[J]．名师在线，2020（8）：37-38.

第二节 经验型论文写作的步骤与过程

教育工作者在实践中积累的教育教学经验有个体的，也有集体的；有直接的，也有间接的；有正面的、需要推广的成功经验，也有反面的、需要引以为戒和汲取教训的失败经验。在充分总结经验的基础上，就可以开始论文写作了。下面介绍经验型论文写作过程的一般步骤。

一、发现经验，确立研究对象

教育教学经验是经验型论文的“根”，其品质直接决定了论文的科学水平。因此，写经验型论文的首要步骤是发掘并确定具有典型性、代表性以及指导意义的经验，这些经验必须符合教育工作客观规律。为了防止将不成熟的、具有具体性和偶然性的经验当作普遍经验，在确定研究对象时，应对所选经验进行鉴定和评价，通过纵向比对和师生反馈了解教育活动的效果是否显著，以及通过教育活动开展的难度看该经验在推广上是否具有价值。值得指出的是，如果经验是在特殊情况下取得的，与一般情况存在很大的差异，这种经验的推广也较为困难。如果经验是在不牺牲其他利益的前提下创造出来的，对其进行系统总结和推广则是非常有价值的。如果选定的对象是在贯彻教育方针、落实教育政策或实施教育改革方案时产生的，除总结正面经验以外，还应该注重对失败的教育经验进行总结，找出原因，并根据总结结果重新设计或调整教育政策或改革方案。

此外，对经验的选取还要注重“点”与“面”的结合。一方面，既注重对以市、县为对象的大范围的教育经验总结，如上海市在部分高中开展“研究性学习”的经验，就是一个以市为研究对象的课题。另一方面，也关注一个学校或一个教师的教育教学经验，如靳开彦的“小学语文导读法”就是其个人经验的归纳总结。既注重总结跨越时间长的教育教学经验，如在实现中国教育现代化2035目标的教育教学改革过程中积累起来的经验，也关注某些短期内获得很好成效的经验。

总之，在经验型论文的研究课题与对象的选择与确定中，要根据教育教学实践改革和理论发展的需要来全面分析和详细论述所选种类经验总结的意义，还要基于经验来源的实际情况细化教育经验应用的具体条件和明确预期的应用范围。从教育实践出发，采取优选的方法，慎重进行，绝不能盲目随意地决定。

二、制订计划，开展研究

经验型论文也是教育科研论文的一种，因此必须在明确目标和计划的指导下有步骤地展开研究，与一般的工作经验总结报告有所不同。研究者需要为其制订一个完整的计划，描摹研究工作的大体轮廓，其中包括明确研究指导思想、目的和任务，避免盲目摸索或重复已有研究成果，以提高研究价值。制订具体计划时，应确定研究对象的范围、研究人员职责，选择经验收集的具体方法和途径，明确总结研究的基本步骤及时间安排，包括对经验进行分析、概括、总结、验证等方面，同时留有余地，充分考虑实施计划的可行性和可变性。因为计划在付诸实践时常常会出现一些事先难以预料的问题，需要对原定计划进行及时补充或修改，使之与经验总结的实际情况相适应。

三、搜集相关资料

相关资料是教育科学研究开展和论文写作的重要支撑。在正式确立论文课题之后，研究者就需要按照计划搜集数据和资料，根据研究需要系统地查阅国内外相关资料和文献。主要包括以下五个方面：(1)教育教学背景资料，如实践活动的目的，教师的教学设计，学生的学习情况等；(2)教育教学采取的方式方法、发生的现象、组织管理方式等资料；(3)教育教学结果资料，如师生对教育教学活动的体验，教育教学活动产生的影响，教育教学管理的成效等；(4)历史资料，如国内外对此类教育教学活动的看法、做法、取得的结果等；(5)国家有关方针政策、上级指示文件等资料。

搜集资料主要可采取以下几种方法。

(1)观察。它是研究者根据经验总结的目的对教育、教学及管理活动进行及时记录的方法，也是搜集经验事实资料最基本的方式。中小学教师及教育工作者可采取这种方式，在日常的教育、教学和管理等实践活动中及时地记下自己工作中的点滴经验，为科学总结个人经验积累资料；也可通过听课、进行教育教学观摩等方式进行现场观察，记录研究对象的经验，为科学总结他人经验搜集资料。

(2)调查。它是研究者根据经验总结的需要所采用的了解教育活动过程中特定现象的方法。调查主要是采取访谈和考察等方式进行。访谈可采取个别谈话、召开各种类型的调研座谈会等方式开展。据此可收集学生、教师、家长、社会对教育教学实践活动的反映,从而获得丰富的第一手资料。考察可通过翻阅教学计划、备课笔记、教学总结、作业和试卷等进行;也可通过查阅学校教育经费使用情况,教学硬件、学校宿舍以及其发展规模,教师生活条件情况等进行,以此获得基本的数据资料。通过访谈、考察等调查方式搜集的材料具体、丰富,可信度也较高。

(3)文献查阅。它是研究者利用他人的记录、调查、资料汇编、有关论文等进行资料搜集的方法。它既能提供可靠的依据,开拓问题分析的思路,还能避免盲目探索或重复已有的研究成果。但在文献资料搜集时应注意对其可靠性进行鉴定。

总之,撰写经验型论文必须通过多条途径和运用多种方法全面占有经验事实,搜集事实材料。只有在对事实材料充分占有的基础上,才能有效总结经验,从而准确地把握事物或现象的整体性,从中揭示出它的本质和规律。

四、事实材料的整理和分析

脱离了对事实性资料的搜集,经验型论文就像“空口说白话”。但在广泛获得各种资料的基础上,如果不进行整理和分析,实现资料系统化、条理化,那么它们就如同一堆杂乱的材料,难以发挥它们的真正作用。因此,详尽占有教育事实材料后对其进行分析整理、归纳总结是经验型论文的关键所在。

经验事实材料的整理,要遵循正确的教育思想和教育理论,从相关专业理论成果中汲取营养。教育理论的支撑对于经验总结的提升至关重要。因此,中小学教师作为教育经验总结研究者须要强化教育理论知识的学习，努力提升教育理论素养。此外，研究者必须根据材料性质和特征进行系统化分类，并对每份事实材料进行核对、考证、筛选。去粗取精，抓住具有普遍意义的材料，去伪存真，核对各方面材料的准确性和逻辑关系。由此及彼，将零碎的、孤立的材料联系起来。由表及里，通过事物的外部联系，发现内部规律，对事物本质进行理性认识。没有理论性的经验总结，就如同一般的工作总结，没有多大的科学价值。

五、组织论证，总结成文

在完成综合分析材料、生成系统性研究结论后，就可以初步撰写经验型论文了。如果选取经验的内容广泛，应用面广，就应召开经验总结论证会议，征求各方意见建议，通过论证检验研究结论的科学性、可靠性、价值性，以完善论文。首先，要看所总结的教育经验是否符合社会发展趋势和需求。有价值的教育经验能够根据现实生活对教育的挑战，要求帮助找到完善和促进教育教学的方式方法，以应对挑战、解决问题。其次，优秀的教育教学经验应该具有稳定、良好的教育效果。教育是培养人的事业，好的教育效果须要让受教育者的思想道德素质以及心理智能发展水平等发生积极的变化。再次，组织论证的方式可根据课题的大小而调整变化。如果只涉及一名教师、一个班级的学科教学或管理，个别征求其他教师、管理者、学生意见即可。最后，在论证的基础上，应充分汲取大家的意见和建议，精心加工、反复推敲并写成正式的论文，甚至专著，呈报上级教育行政主管部门审定核批、印发有关单位或投稿发表以获得社会效益。

第三节 经验型论文的写作方法与技巧

一、经验型论文的写作格式

经验型论文是中小学教师教育教学经验分享的文本形式，属于科学研究论文的一种。在格式上它具有科研论文的共性，题目、摘要、关键词、引言、正文、结语和参考文献都是必不可少的。但由于其研究主体本身的特殊性，经验型论文的结构形式相对就比较灵活。一般来说，可以按以下三种形式来组织撰写。

(一)条例式

这种形式的论文一般综合了多种研究方法，搜集到的数据、资料更为多元和客观，因此行文的方式也更加规范，要用序号分段排序，将研究背景（当前形势）、研究意义（达到怎样的目的）、研究过程（经验产生的具体条件和经过）、研究结论（是否值得发扬或有何需要规避的地方）等方面逐个分条写作，要做到有举例、有分析、有对比、有结论。

例1:《英语教师的阅读教学信念与课堂教学实践的个案研究》[①]

摘要:……

关键词:……

一、引言

二、研究设计

(一)研究对象

(二)研究方法

(三)研究过程

三、结果与分析

(一)课前访谈

(二)课堂观摩

(三)课后追溯访谈

结语:……

参考文献:……

例2:《把握资源开放机遇推动从学生学习到教师学习——欠发达边境山区县域“停课不停学”实践与思考》[②]

一、问题提出

二、案例介绍

县域整体推进“停课不停学”有以下三项关键举措:

(一)分类分层分阶段制定学习任务

(二)以整合推送网络优质资源为主,教师辅导答疑为辅

---

① 宁晓洁.英语教师的阅读教学信念与课堂教学实践的个案研究[J].学术探索,2016(1):151-156.

② 杨金勇,裴文云,刘胜峰,等.疫情期间在线教学实践与经验[J].中国电化教育,2020(4):29-41.

(三)自下而上,从注重学生学习到注重教师学习

三、主要思考

(一)乡村“停课不停学”困境

(二)乡村“停课不停学”建议与对策

(二)小标题式

这种形式主要是把升华总结出的经验以小标题的形式放在一段开头最醒目的位置。总结出的经验可以细分出多个,然后分段进行陈述。相较条例式,小标题式的中心更加突出,清晰明了、层次井然,更容易吸引读者的注意。

例1:《数学课堂新教育探索研究》[①]

摘要:……

关键词:……

一、激发兴趣,课堂要“适合”学生

二、学会倾听,留白要“适合”学生

三、锚定目标,预设要“适合”学生

四、结语

参考文献:……

例2:《小学语文教学与信息技术整合的实践与反思》[②]

摘要:……

关键词:……

一、巧妙突破重难点,实现教学目标

二、巧妙创建教学情境,激发学生兴趣

① 杜凌雁.数学课堂新教育探索研究[J].数学学习与研究,2019(18):59.

② 陆进存.小学语文教学与信息技术整合的实践与反思[J].课程教育研究,2020(3):58.

三、巧妙培养学生合作能力,加强交流

四、巧妙发挥学生主导性,实现个性发展

五、结语

参考文献:……

(三)全文贯通式

这种形式更为灵活,围绕中心先叙述情况,再写经验教训,一气呵成、融为一体。由于论文一般篇幅较长,因此文章也可以用序号分段,将论证逻辑展示得更加清晰。可见,全文贯通式对于研究者的写作要求也更高,需要大量的实践经验的积累和资料的广泛阅读,否则写出来的文章很容易浮于表面,只有经验、没有提炼,自然也算不上科研论文。

例:《情境教学在小学英语对话中的探究与实践》[①]

摘要:……

关键词:……

一、小学英语对话教学课堂面临的困境

(一)情境累积

(二)对于重难点知识掌握不全

二、情境教学的设计特征

(一)情境教学离不开英语课本主题

(二)情境教学需要先进的教学工具协助

(三)情境教学中需要融合情感教学

三、情境教学在小学英语对话教学中的应用措施

(一)把握好情境教学的使用程度

(二)创设多元化的情境教学模式

参考文献:……

---

① 任雪桂.情境教学在小学英语对话中的探究与实践[J].学周刊,2020(8):31-32.

二、经验型论文的写作技巧

(一)精准拟题,引人入胜

拟定题目往往是一篇论文成功与否的关键。经验型论文更是如此,拟定一个既能精准概括文章内容,又能吸引读者注意的题目会为你的论文加分不少。一个好的经验型论文标题往往具备以下特点。首先,题目要新颖,要紧跟教育科研的动向,选择那些亟待研究且少有人写的话题。如《现代教育技术:想说爱你不容易——现代教育技术在高中语文教学中的几大误区》[①]一文,选择了现代教育技术在课堂教学中的运用作为话题,并采用了较为生活化的语言作为标题,清晰明了,引人入胜。由于"现代教育技术"内涵宽泛,在写作过程中不容易聚焦,容易泛泛而谈,选题就要注意从小点切入,这不光是题目拟定的要求,更是选题的要求。因此,在论文写作前的准备阶段就要先把这些问题考虑清楚。另外,题目要直接揭示中心论点,使读者一看就能了解文章内容。比如"初中平面几何探究式教学经验"就会比"初中数学教学经验"更为具体和直接,更容易往深处挖掘。最后,题目还要凝练,不要过于冗长,尽可能删去可有可无的字、词,必要时还可以用副标题进行调整。例如,"初中数学课堂利用多资源实施人文化教育的实践经验初探"可以改为《有效利用衍生资源,拓展数学人文情境——初中数学人文透视教学实践经验》。

(二)科学表达,定性定量结合

社会科学研究一般旨在通过分析和综合研究材料现象,揭示其本质,并理性认识客观事物之间的规律性联系。定性研究方法是常用的分

① 邹莉.现代教育技术:想说爱你不容易——现代教育技术在高中语文教学中的几大误区[J].现代语文(教学研究版),2015(12):79-80.

析、推理及综合研究方法之一。为了提高经验型论文研究结论的可信度和科学化水平，除了定性分析，定量分析方法的运用也至关重要。使用定量分析可以用简洁的语言，更深刻、更具体地展示事物性质及其变化规律。只有进行了一定且必要的定量分析，才能有效避免研究结论的主观随意性。在经验型论文中，一般多为定性分析，少有定量分析。即便是有定量的分析，也可能出现粗算、冒算，甚至伪造数据以使之与自己的观点相吻合的情况。为此，在搜集经验事实材料时，就要注意既搜集质性材料，也要搜集数量材料。如果在搜集经验事实材料时缺少事物数量情况描述，就不可能获得精准的认识。

（三）把握规律，避免就事论事

一篇成功的经验型论文需要同时具备精确、真实、生动的实际内容和深入的科学分析。为了达到对教育经验进行总结的目的，论文不能就经验谈经验，停留在用经验来说明经验和论证经验的层面上，而应该就事论理，提炼实践经验中本质的、规律性的东西升华为理论。只有把握事物间的因果联系，将现象提高到理论的高度，才能成为真正有用处的经验。为此，必须坚持实事求是的科学态度，坚持在详尽占有资料的基础上抓住事物的本质和主流，厘清哪些是现象，哪些是本质，哪些是支流，哪些是主流，从而概括出规律，避免主观随意性。那种远离实际，不对现象与本质、支流与主流作严格区分的经验型论文是无法得出真正符合客观规律的研究结论的。此外，在论文写作过程中，要遵守学术规范，坚决拒绝弄虚作假，将一般经验拔高为典型经验，或将典型经验故意压低为一般经验的现象，集中以客观公正的态度评价大量的经验事实材料，避免主观随意性。

例:《如何组织战“疫”下的常态化线上学习》[①]

一、整体方案:要系统和接地气

二、平台工具:要安全稳定和适宜

三、组织步骤:要“点—面—体”有序推行

四、过程管理:要扁平化和智能化

五、教学方式:要项目化与挑战式

(四)重视积累,做与写相辅相成

中小学教师身处教育实践的最前沿,每天都会接触到鲜活的教学事件,平时有意识地积累素材、梳理素材,确定主题后合理选用素材,对于写好教学经验类论文尤为重要。教学经验素材一般可分为三类:经典案例、感触随想和理论知识。其中经典案例可分为正面案例、侧面案例和反面案例。因此,在平时的教学实践中,教师就必须及时捕捉、整理、归纳、反思,培养发现问题、思考问题、解决问题的习惯和能力,不断提升自己的抽象思维能力,提高科学理论水平。不积跬步,无以至千里;不积小流,无以成江海。此外,教师还必须加强对经验型论文写作的练习。通过教学实践积累经验,引发思考,思考后再进行写作,二者相辅相成,在一次次写作过程中建立起自己的方法。

① 杨金勇,裴文云,刘胜峰,等.疫情期间在线教学实践与经验[J].中国电化教育,2020(4):29-41.

第八章 调查型论文的写作

●○调查型论文是主要基于调查研究的一种论文形式，它通过运用一定的理论和方法，对某个现象或问题展开调查，呈现具体的调查流程，根据调查进行客观分析，进而得出相关结论，给出切实可行的措施或意见。可以说，调查型论文的写作是一个遵循“提出—分析—解决”问题的逻辑的创作过程，我们平常又称调查型论文为调查报告。1910年，美国的Kendall N运用调查法对Boise地区学校制度进行调查，这是调查法第一次运用于教育研究。[1]自此以来，调查研究除了是教师从事教育科学研究的管用且有效的方法，还是他们开展教学活动的关键前提举措之一。事实上，教师在工作与研究中往往会用到调查法。譬如：对学生进行家访、摸底考试、个别谈话等，此类活动皆或多或少使用了调查法。不过，大多数教师只是按部就班做这些工作，并未有意识地利用调查开展科学的研究，亦未对所得到的结果进行更深入的分析，实为可惜。因此，学习、掌握调查型论文的写作，对广大中小学教师搞好教学与科研工作，收获丰硕果实，具有深远的意义。

---

① 裴娣娜．教育研究方法导论[M]．合肥：安徽教育出版社，1995：159.

第一节 调查型论文的特点与分类

毛主席曾说过:“没有调查,没有发言权。”调查型论文就是基于调查研究形成的文本成果,其特点与“调查”密切相关,因此,不能脱离“调查”而单单只谈该类型论文的写作特点。由于分类标准的不同,调查型论文的分类多种多样。

一、调查型论文的特点

调查型论文的写作离不开调查研究,调查型论文的特点,主要表现在“调查”和“写作”两方面。“调查”是写作的基础和前提,“写作”则是调查结果的反映和体现。只有把两者结合起来,才能认清调查型论文的本质特点。具体来看,调查型论文的特点主要有以下几点。

(一)调查问题的针对性

通常来说,调查研究的问题或对象具有明确的指向性、目的性,主要针对现实的问题、典型的问题、迫切的问题等,以深刻揭示某一问题的现状和特征,进而为解决该问题提供可行性建议。一言以蔽之,无论是调查研究，还是调查型论文，皆具有鲜明的问题针对性。例如：在国家出台多项针对中小学生的减负政策后，作为学校方严格依照规定实施教育教学，然而却出现了课外辅导逐渐填满广大中小学生的课外生活的新现象，《安徽省中小学生课外辅导状况的调查报告》就是因这一新矛盾而进行的调查研究所形成的报告。该特点启示我们，在进行调查前，首先应该选择具有针对性的问题，这样才能聚焦研究主题，写出的调查型论文才能让人一目了然。

（二）调查方法的多样性

进行调查的方法有很多，不仅能利用访谈、座谈等方法细致探究特定的问题和现象，还能凭借问卷、测试等方法针对特定问题和现象展开大规模调查，亦能把几者相结合进行综合性调查，调查的范围可大可小。调查研究采用不同的方法与手段，能够处理某些不能利用实验或观察展开探究的问题，如我国中小学生校园欺凌和暴力行为现状问题、青少年参加课外体育锻炼的状况、城镇化进程中城区小学“大班额”问题、中小学近视眼发病原因等。多样化的调查方式能够让研究者获得丰富的一手材料，为论文写作提供多样选择，使调查型论文具有扎实的论据支撑，更具说服力。

（三）论证材料的客观性

调查型论文依据客观事实进行言说。此类事实应为具体的、形象的，而不是模糊的、抽象的。不管要揭示实情，还是要呈现问题，皆应将丰富、精准的事实作为准绳，通过客观事实阐明真相。相比于其他类型的论文而言，这也是调查型论文的独特优势。倘若调查型论文并非通过客观事实与一手数据去揭露实际情况，其特征与价值将被遮蔽，如此便失去了存在的必要性。比如，在关于我国中小学生学习负担感受的一项调查中，结果显示我国中小学生负担感受均值为3.27（满分为5），教师感受的中小学生的负担均值为3.34（满分为5）。两者评价均值相近，且都中等偏上，表明我国中小学生负担感受在中等略偏上的水平。[①]“我国中小学生负担感受中等略偏上”结论的推出就是调查型论文论据具体性的表现。

（四）行文逻辑的严密性

调查型论文逻辑的严密性主要体现在调查过程的系统周密和论文推理的严密性上。一方面，调查研究较少受时间和客观条件的限制，并且在开始调查前通常要制订详细的调查计划，包括研究目的、研究内容、研究对象、研究方法、资料搜集和处理方法、研究进度安排等，根据计划系统和周密地开展调查，每个程序环环相扣，从而得到相关结论。另一方面，调查型论文的行文逻辑也具有严密性，这是由调查过程的系统性决定的。调查型论文遵循“提出问题—分析问题—解决问题”的内在逻辑。提出问题也即问题提出，在论文的开始就要交代所要研究的问题。分析问题就是在对各种资料进行处理后得出一般性的结论，讨论其原因。而解决问题则是针对调查结果提出相应的对策建议。

（五）调查论文的科学性

科学性是调查型论文的最本质的特点。其他四个特点——调查问题的针对性、调查方法的多样性、论证材料的客观性和行文逻辑的严密性皆服务于该特点。首先，调查型论文主要针对特定的事实或现象，其所呈现的内容是经过科学而严谨的调查过程得出的，具有一定的普遍性

① 杨欣，陶蕾．我国中小学生学习负担感受调查与分析［J］．现代中小学教育，2013(4)：73-77.

与参考价值。其次,调查型论文因为调查方式的多样能够获取大量一手材料,为其得出的结论提供扎实的论据支撑,使论文更具说服力。再次,调查型论文逻辑的严密性保证了整个调查和推论过程的科学性。最后,调查型论文的内容源于客观资料,是对客观资料展开的规范整理与概括。综上所述,仅有前四个特点还不是一篇合乎要求的调查型论文,具有科学性才是调查型论文的价值所在,而这五个特点是密切相关的。

二、调查型论文的分类

依据不一样的分类准则,调查型论文可分为多种类型。本书介绍以下三种典型的划分方式。

(一)按调查目的划分

1. 现状调查类

此类调查的基本含义是,对某一问题或现象的真实情况、基本规律等进行探究。它不仅能让大家清晰知道某个问题或现象的现实状况,而且能够使一线教师实时掌控教育节奏与学生的实际情况,可以在他们进行教育决策时给出参考依据。如《中小学生发展核心素养现状调查研究》《中学生近视情况调查研究》等皆为现状调查。此外,现状调查不仅可作为单独的研究,亦能成为一系列研究工作的起始,为更深入地探究储备资源、打下底子。如要开展培养学生信息素养的研究,首先必须对其现状进行调查,在了解学生信息素养情况的基础上,培养才能有针对性。

2. 发展调查类

此类调查的基本含义是,根据特定的研究目的,探究特定的现象或特征随时间发生的变化情况。具体而言,它有两种基本类型:一是纵向研究,也就是在不同的时间对某个对象展开数次调查;二是横向研究,也就是在相同的时间对多个对象展开调查。例如:对高中生的创造性思维发展状况展开研究,如果要开展纵向研究,须对同一对象(如高一学生)逐年进行调查,通过多年的调查总结其创造性思维发展的规律;如果要开展横向研究,须在相同时间内对高一、高二、高三这三个不同年级学生展开调查进而探究其创造性思维发展的规律。在实际研究中可根据具体情况对这两种研究方式进行选择。

3. 相关调查类

此类调查的基本含义是,为探究某两种现象或某个现象的两种特征是否有相关关系而展开调查。例如:“家庭教养方式与小学生学习专注度之间的相关分析”即是考察家庭教养方式和小学生学习专注度之间的关系。对此,可能会出现以下三种统计结果:一是相关系数是“0”或趋近于“0”,这意味着两者之间无直接关系;二是相关系数接近于“1”,这意味着两者之间有正向相关关系,且系数愈大代表关系愈紧密;三是相关系数接近于“-1”,这意味着两者之间有负向相关关系,且系数的绝对值愈大代表关系愈紧密。

4. 因果关系调查类

此类调查的基本含义是,为发现某一现象或某一问题产生的缘由而展开的调查。例如:“农村中小学生为何辍学”“学生的学业负担为何沉重”“教师为何会产生职业倦怠”。通过调查查明某个现象或问题产生的原因,有利于“对症下药”,进而改善现实情况。又如,有人曾对优秀学生形成的非认知因素进行过研究,他选取在学科竞赛中获奖的三好学生为优秀学生组,另一组调查对象为随机抽取的一般学生组,两组样本量相同,接着调查他们课外的有关信息,结果发现理想、意志力、兴趣和接受信息量是优秀学生形成的非认知方面的重要原因。①

① 张民生,金宝成.现代教师:走近教育科研[M].北京:教育科学出版社,2002:65-66.

(二)按调查范围划分

1. 全面调查类

此类调查的基本含义是，对研究涉及的所有对象展开调查，亦可称之为普查。我们比较熟悉的全国人口普查、全国经济普查等皆为此类调查。全面调查虽然具有全面、可靠、规范等优点，但由于其牵扯范围广、工作量巨大、投入巨大，因此应用场景较为狭窄。通常来说，全面调查比较适用于政府部门和正规机构。

2. 典型调查类

此类调查的基本含义是，在研究涉及的所有对象中选出具备特定特征的代表性对象展开调查。举例来说，如果研究留守儿童的心理健康状况，就必须从儿童这一总体中选取出留守儿童进行调查；如果研究少数民族农民工随迁子女的教育融入问题，就必须从农民工随迁子女这一总体中选取出少数民族进行调查。

3. 抽样调查类

此类调查的基本含义是，以某种方式或规则抽取研究所涉及的所有对象中的部分对象展开调查，且从抽样中所得到的结果能够对整体的状况进行推测。需要注意的是，在此类调查中，抽样的方式十分重要，它直接决定了样本是否具有代表性以及所得结果是否可以真实体现整体的状况。

(三)按搜集材料的方式划分

1. 书面调查类

此类调查的基本含义是，把调查内容以书面的形式进行展现，邀请调查对象进行填写进而搜集相关资料。问卷调查、测验试卷等都属于此类调查。有时候调查者需要在被调查者填写调查内容前给予其填写指导，以提高所搜集信息的质量。总而言之，此类调查的长处为节省时间和精力，能够同时对许多被调查者展开调查。

2. 口头调查类

此类调查的基本含义是，把谈话当作重要手段，基于研究者和被试间的交流沟通搜集相关资料。我们经常用到的访谈法就属于此类调查。在进行口头调查时，研究者一般须把想探明的问题告知被试，被试依照自身的现实状况进行回答，研究者细致、真实地记录被试的回答，而后对其展开文本分析并得出相关结论。

第二节 调查型论文写作的步骤与过程

撰写调查型论文就是把科学研究的全过程以及所取得的成果用文字完整地呈现出来。它的重要价值在于针对某个主题搜集资料、呈现样貌，经由整理、推演、归纳等方式揭示问题或现象的本质，发现其中的作用机制或基本规律，进而提出相应的措施与建议。遵循着这样的逻辑，调查型论文的写作有其常用的基本格式和写作步骤。

一、调查型论文的基本格式

常见的调查型论文主要由以下所示内容构成：

题目
单位、署名
摘要：
关键词：
引言/序言/绪论（包括问题提出、研究意义、核心概念界定、文献综述等）
一、调查设计（包括调查对象、调查方法、调查工具等）
二、材料分析（数据分析、文本材料分析等）
三、主要结论及分析
四、对策建议
结语
参考文献
附录

实际写作中不必拘泥于上述常用基本格式，可根据实际情况灵活选择与调整。

二、调查型论文的写作步骤

众所周知，调查为一种具有较强的目的性、计划性、系统性的科学探索活动，有相应的规范程序与严谨要求。因此，调查型论文的写作也有一定程序，这里主要以时间轴为线索从论文写作前、论文写作中、论文写作后三部分完整系统阐述调查型论文的写作步骤。

（一）调查型论文写作前：调查的准备与实施

1. 明确调查目的

在展开正式调查以前，应充分论证选题，确定其具有一定的理论意义和实践意义，明确调查要达到的目的和所要解决的问题。研究问题的内容和性质应该符合调查研究的特点，问题必须能在自然的教育环境中进行研究。

2. 选取调查对象

明确调查对象对于调查研究十分重要，它不仅会影响到所搜集资料的质量和适切性，还会影响所得出结论的科学性。研究对象的选取要依据问题的性质和具体的调查方法而定，具有充分的典型性和代表性。如“我国西部地区小学高年级学生学习习惯调查”，调查的地区范围是我国西部地区，调查对象的学习阶段为小学高年级，调查对象的总体即为西部地区小学高年级学生，要从这个总体中选取样本。

3. 确定调查方法

调查方法的选择决定了调查研究的科学性。我们知道，调查方法有很多，但并不是用的方法越多越好，而是要基于调查目的与调查对象的特征，选取具有可行性、适切性、易操作性的方法，从而确保能够最大程度搜集相关资料。在教育调查中，问卷调查法、访谈法等是常用的调查方法。

4. 制订调查计划

制订调查计划的目的为，为整个调查过程部署切实可行的步骤，从而保证调查活动井然有序展开。它通常涵括以下方面：(1)研究目的与研究意义；(2)核心概念界定；(3)文献综述；(4)调查范围及对象；(5)调查设计；(6)调查方法；(7)调查预期进展；(8)调查分工安排；(9)调查经费预算；(10)预期研究成果。总之，调查计划不仅应符合实情，还应尽量细致、周到。

5. 拟定调查的具体内容

拟定调查的具体内容为调查研究中的关键一环。调查内容的呈现方式有很多，既能以访谈提纲、调查表的形式呈现，又能以编制的问卷或测试卷的形式呈现。在该环节应重视如下三点内容。首先，确定具体的调查项目，按照调查主题的切实需求拟定维度。如要调查某学校初一学生的核心素养，就可以把学生文化基础、自主发展和社会参与三方面的发展情况作为调查的内容。其次，明确项目的评价指标，即要考虑怎样去衡量这些项目。上述例子中学生文化基础可以从人文底蕴和科学精神两个指标进行评价，每个指标又可分为完全符合、比较符合、一般符合、比较不符合、完全不符合这五个等级。最后，确立等级的划分依据，细致制定出各个等级的量化标准。

6. 调查工作的组织和分配

无论是较大规模的调查，还是较小规模的调查，都需要不同人之间的分工合作，这样才能保障调查工作的顺利开展。对此，须关注以下三点内容。首先,要选取恰当的调查者。通常来讲,调查者须了解和研究主题相关的知识,具有一定的知识储备和进行科学研究的能力,以及认真、严谨、负责的态度。其次,要进行明确的分工。基于每个调查者的特点和长处,分配与之相匹配的工作,使整个调查活动井井有条进行。最后,要尽早和调查牵扯到的组织或个人进行沟通。通过密切的沟通,赢得他们的支持与配合,有利于调查工作的有序实施。

7.搜集、整理资料

搜集、整理资料是教育调查过程中非常重要的一环。在此环节,调查者须力争资料的周全性、系统性、可靠性、代表性等,从而保障研究结论的科学性与有效性。就搜集资料而言,可根据研究的目的与特点等选择相应的方法。比如:调查者记录、被调查者填写、翻阅相关政策文件与资料。就整理资料而言,可依照资料的性质选择相应的方法:如果是文字性资料,可进行总结、归纳,使其具有条理性;如果是数字化资料,可利用相关的统计软件、图表法等加以处理,使其更加清晰明了。

(二)调查型论文写作中:撰写初稿

(1)题目。它要求确切、简短、明了、具有一定的新意,能够反映出研究对象、研究范围、研究方法等内容。

(2)摘要。它的主要功能是让读者在开始阅读主体内容前就能大致了解论文的主要内容,因此,要求文字简短、精炼,内容全面,重点突出,一般200~300字为宜。

(3)关键词。它的基本功能是利于文献检索,使读者能从浩瀚的文献资料中搜索到想要用的文献。通常来说,任何论文都会有3~5个关键词。例如:《城乡中小学教师交流互动的调查研究》一文中标写的关键词为“城乡教育;城乡教师;交流互动”。①

(4)引言。还可以叫作序言、绪论等,其功能是引出论文的主要内容。引言主要包括选题缘由即问题提出、调查的目的、调查的意义、调查的任务、核心概念界定、已有研究现状、理论基础等。如果论文较为简短,则并非需要呈现以上所有内容,亦并非一定注上“引言”两个字,而是可在开篇以一段简洁的文字交代研究的目的、意义等,进而引出正文。

(5)调查设计。该部分主要揭示整个调查是怎么进行的,运用了哪些调查方法,如何选用或编制的调查工具,怎么选取的样本以及样本的基本情况等。其功能是保障调查的客观性与准确性,彰显此类论文的重要价值。

(6)材料分析。这要求对所获得的大量资料展开系统梳理,使其更具概括性、条理性、清晰性,最大程度实现数据准确、案例适切、资料可信、主张明了。针对庞大的统计数据,亦可以列图列表的方法呈现,使其一目了然。

(7)结论与讨论。根据前面对大量材料的分析,利用逻辑推理归纳出结论。在得出结论后,一般还需要对它展开讨论,比如解释出现此种结论的缘由,分析此种结论的背后理论支撑。如果认为结论有分歧,亦能通过讨论的形式提出分歧意见。

(8)建议。针对前面所得出的结论,应基于此提出具有可操作性、针对性的建议,以改进现实状况,这也是调查研究的意义所在。许多调查研究容易出现“建议与研究结论关系不大”“提出的建议假、大、空,不具备可行性”的问题,在写作时应注意。

---

① 张家军,许娇.城乡中小学教师交流互动的调查研究[J].西南大学学报(社会科学版),2019,45(3):82-91.

(9)结语。它的主要作用是对整个研究过程进行总结,重申研究发现,指出研究不足,并对以后的研究进行展望,提出新的课题。

(10)参考文献。即在写作过程中,参考、引用了哪些资料,需要按照标准格式一一列出。列出参考文献的目的有三点:一是对写出的论文负责,尊重他人的研究成果;二是显示所写论文的坚实依据,在某种意义上体现论文的深度与广度;三是方便后续研究人员了解前人在该研究领域所做的工作。

(11)附录。它是一篇论文中的补充内容,不是所有的论文皆要有此部分。通常来说,它具有不可代替的说明价值,由于论文正文的篇幅所限而不能将其全部详细列出的材料可收入附录,从而使读者知道真实情况,同时也增强论文的真实性、科学性。调查型论文的附录中一般有问卷、评分标准、访谈提纲、主要数据、抽样方案等。

(三)调查型论文写作后:修改定稿

人们常言,论文是改出来的。的确,凡是有过论文写作经历的人皆会与此共鸣,论文须得经由精雕细琢,方可变成好论文。论文的修改并非一件易事,亦不可能一举成功。这是因为,论文的修改涉及方方面面的内容,比如:框架结构、观点论证、遣词造句、图表设计等。在完成论文初稿后,需要对其展开多方面、多次数的修改,这样方能不断发现、修正其中存在的问题。

论文修改方法可参考上编第五章第四节中提到的趁热打铁法、冷处理法、诵读修改法、以文会友法等。完成初稿后,马上进行修改的趁热打铁法比较适合处理关于话语表述、写作规范、资料处理方面的细节性问题;完成初稿后,隔一段时间再仔细阅读并修改的冷处理法适合处理结构性、原则性、大局性的深层次问题;基于大声阅读进行修改的诵读修改法能够通过语感本能发现默读不能发现的问题;请他人阅读并提出修改意见的以文会友法能够最大程度帮助作者不被本来的思路所限制,从而突破个人认知的局限。前面所说的四个方法各有优劣,作者应尽可能多地使用这些方法,从多个角度修改完善论文,使其不断趋向完美。

修改涉及论文的方方面面,在初稿中找到何问题就修改何问题。进一步而言,调查型论文最主要的修改涉及四个方面:结构、材料、语言和格式。

1.结构的修改

结构反映了一篇论文的谋篇布局,是论文内容的组织结构与逻辑体现。对它的修改通常包括以下三点内容。一是修改开头。开头通常要直入主题,阐述主要观点或揭示谬误。然而,一些论文往往忽视这一点,常游离在主题的外围,以致无法快速入题。此时就需要对其进行修改,化繁为简,聚焦主题。二是调整层次。一篇好的论文应该逻辑顺畅、层次清晰。倘若论文的逻辑不清晰、结构不严密、各部分之间缺乏逻辑等,就需要对其结构进行调整。这种调整也有大小之分,大的调整是重新设计全文的结构,小的调整是修改部分层次与段落。三是修改过渡段。过渡段能使整个论文更加连贯和紧密,是论文中不可或缺的内容。而有的论文并不重视过渡段,此时就要增加过渡段或对已有过渡段进行修改。

2.材料的修改

材料的修改指对论文中用到的材料进行增、删、调、修。材料是论文内容的关键组成部分,是支持论点的依据。因此,论文中引用的材料必须真实、恰到好处、能够论证得出的观点和论文的主题、能够增强论文的说服力,否则,就需要对其进行修改。首先是增加材料。当论文中得出的某个或某些观点缺少具体材料论证时,论文就会显得空洞,这种情况就需要增加相关材料进行佐证。其次是删减材料。在写作过程中,我们可能会陷入引用材料越多越好的误区，特别是对很不容易搜集来的材料，会舍不得丢弃，结果就导致论文显得臃肿。对于那些无用的、可有可无的材料应该全部删去。再次是调换材料。以下三种情况需要对材料进行调换。一是材料不真实。这样的材料没有论证的力量，一经核对发现就应该换掉。二是材料不典型。一般是因为初稿撰写时掌握的材料不充分导致的，此时就要大量搜集相关材料，换成更典型的、更能有力支撑论点的材料。三是初稿撰写时对所引用的材料理解有误。最后是修改材料。由于材料过于粗糙不能清晰看出其解释力，因而需要对其进行加工、修改。

3.语言的修改

一篇有许多语言问题的论文，即使观点新颖、逻辑严密、内容丰富，也会让人质疑作者的论文写作能力，使人读起来佶屈聱牙。众所周知，语言为一种表意的手段，唯有用语精准、明确，方可更好地传达观点、思想和理论，才能让更多人接受和理解。不只是写调查型论文，任何类型的论文写作都必须把好语言关。对调查型论文的语言推敲，主要是从准确性与可读性着手，须认真琢磨以下几点内容。首先为字词，其使用应该精准、概括、形象。错别字、使用不当的字词、不规范的字词等都应加以改正。其次为语句，应力求顺畅、规范。有语病、结构不完整等的句子都应加以修改。最后为逻辑，应该流畅连贯、一气呵成。如果句子之间的逻辑关系混乱，就要进行修改或删除。此外，还须纠正论文中标点符号的错误。为了修改好论文，作者必须认真锤炼语言。

4.格式的修改

“细节决定成败。”格式是一篇论文的门面，它能直接反映一篇论文的规范程度，也是作者需要注意的方面。通常，格式的修改是在其他部分修改都完成后进行的。主要包括以下几个方面：各级标题的格式是否规范；论文中的图表格式是否规范；参考文献的格式是否规范，特别要注意不同类型的文献的标注格式不同，如期刊的引用格式、书籍的引用格式、新闻报道的引用格式等是不一样的。

修改论文十分重要，它能够提高论文的科学性和艺术性，尽可能实现完美的表现形式与正确的思想内容的统一。但我们会想到另一个问题：论文要修改到什么程度才能定稿？一般来讲，满足以下三个要求方能定稿：一是内容正确，即论文的内容具有科学性；二是读者容易接受，即论文的话语表述较好，能够让读者“易懂”；三是没有小的细节性错误，格式规范、符合相关要求。

三、调查型论文例文展示

例文（注：对原文有补充修订）：

中小学生公民素养的调查研究①

［摘要］通过对全国9个省市16584名中小学生的调查分析发现，处于不同学段、不同性别、城乡、东中西部以及不同家庭经济背景的中小学生在公民素养的总体以及四个构成维度方面，表现出各自不同的差异与特点。针对调查情况，应深刻认识加强中小学生公民素养教育的重要意义；完善中小学生公民素养教育的内容体系，构建多样的公民素养教育的实施途径；加强初中生公民素养教育的指导；改变性别刻板观念，在对男女学生进行公民素养教育的过程中注重因性施教；统筹不同区域的教育和公共文化服务建设，为中小学生的公民素养教育奠定坚实基础。

① 张家军．小学生公民素养的调查研究[J].华东师范大学学报（教育科学版），2017，35（6）：42－49，154.

［关键词］中小学生；公民素养；横断分析

改革开放以来，我国逐渐从以农村的“村落”和城镇的“单位”为主要载体的熟人社会过渡到了以商品和信息流动为主要特征的陌生人社会。随着社会的转型，人们交往的对象大大增加，活动空间也空前拓展。面对激烈的社会转型，我们从私人领域迈向了公共领域，从私民社会走向了公民社会。公共领域和公民社会需要与之相应的公民素养。正因如此，党的二十大报告指出“实施公民道德建设工程……提高人民道德水准和文明素养”。从上述中，可以感受到从公民个体到国家、社会层面上，对公民素养提升的需求和呼唤。然而，公民素养并非先天的，必须通过后天的教育来加以培育。中小学生作为公民，他们的公民素养如何，也将直接影响着“美丽中国”建设目标的实现。本研究以中小学生为对象，对其公民素养状况进行调查与分析。

一、研究的理论依据与研究设计

（一）研究的理论依据

综合目前学界对公民素养的研究，见仁见智，不同的学者作出了不同的界定。本研究认为，公民素养指的是在社会生活领域中，公民所应具备的基本素质和参与社会活动的能力，以及在处理社会事务的过程中所作出的行为反应。

在涉及培养学生的教育目标时，目前较为公认的是布鲁姆关于教育目标的分类。布鲁姆将教育目标分为三大领域，即认知领域、情感领域以及技能领域。由于上述三大领域均是个体的内在素养，并未涉及个体在公共生活中的行为表现，因而，本研究认为，中小学生的公民素养除了包括公民认知、公民情感以及公民能力外，还应包括公民行为。公民认知维度主要是通过向学生传授公民知识，培养知情的公民的过程，其主要内容可包括国家的政治、经济、法律、历史、道德、文化以及公共生活等方面的知识。公民的情感维度与认知维度相对而又相融，它着眼于学生情感潜能的综合开发和整体素质的全面提高，把情感作为学生发展的重要领域之一，通过对学生施以教育力量，促使学生的情感潜能发展，以达到学生素质的整体性提高和人性的完满发展，如培养学生具有强烈的民族自豪感、国家认同感和爱国主义情怀、社会责任感以及人道主义情怀等。公民能力维度主要涉及向学生传授参与社会生活的能力和技巧，以积累其公民社会性活动经验的过程，其内容主要包括对公民生活中的对象与事件的识别与表述能力、对共同问题的评估与判断能力、面对他人的理性表达与合作能力、协调与解决冲突的能力以及对公共问题的监督能力等。公民行为维度主要涉及学生在参与公共生活的过程中，是否能够采取正确的、恰当的方式作出自己的反应，如关心国家大事，并以理性的、合理的方式表达自己的爱国情感，以及积极参与社会活动等。

(二)研究设计

1.调查对象的选取

本研究采用分层随机取样的方式，在全国范围内按照东部、中部和西部三大经济区域划分共抽取调查了9个省市，具体包括上海市、天津市、重庆市、河南省、山西省、四川省、甘肃省、陕西省以及深圳市，随机选取近60所中小学校，共发放调查问卷19000份，回收17827份，剔除无效问卷1243份，有效问卷共16584份，问卷回收率为93.83%，有效率为87.28%。在有效问卷中，男生8196人，女生8388人；小学生5611人(考虑到学生认知水平和理解水平，本次调查仅调查小学高年级学生)，初中生5572人，高中生5401人；城市学生8098人，县镇学生4658人，农村学生3828人；东中西部三个区域的学生人数分别为5563人、5386人、5635人。

2. 调查问卷的编制

根据上述对公民素养的理解，我们自编了中小学生公民素养调查问卷。整个问卷编制过程经历了初拟问卷、问卷预测以及形成正式问卷三个阶段。正式问卷主要包括两个方面的内容，第一部分内容主要涉及学生的年级、性别、家庭所在地以及家庭的一些基本情况，共计8道题；第二部分内容主要是关于中小学生公民素养的调查，共计54道题，采用利克特（Likert）五点计分方式，从完全不符合到完全符合分别评定为1~5分，其中5个题项采用反向计分方式，其他题项均采用正向计分方式，得分越高，表明学生在某一方面的公民素养符合程度越高。

3. 问卷的信效度分析

本研究以内部一致性系数（即Cronbach's α）来衡量本量表信度。结果表明，总量表的内部一致性系数为0.826，公民认知、公民情感、公民能力和公民行为的内部一致性系数为0.795，0.607，0.815，0.853。总体而言，该量表具有较好的信度，达到了团体实测的水平。

在问卷编制前期，通过对已有研究的系统分析和梳理，初步确定了中小学生公民素养的维度和指标体系；同时，参照以往有关公民素养的调查问卷，并经过访谈等步骤，确立了问卷的初始题目，最后邀请相关专家对问卷的结构和项目提出了修改建议，这使得最终的问卷具有很好的内容效度。此外，为了考查问卷的结构效度，我们在529份初始数据中随机选取了300份数据，进行验证性因素分析。所得结果如下表所示。

表8-1　中小学生公民素养量表验证性因素分析拟合指数表（n=529）

拟合指标	χ^2	df	χ^2/df	NFI	IFI	CFI	GFI	RMSEA
指数	1831.542	935	1.959	0.733	0.848	0.848	0.846	0.043

从表8-1可知，模型的NFI、IFI、CFI和GFI取值在0.733~0.848之间，RMSEA=0.043，χ^2/df接近2，这说明本研究所编制的中小学生公民素

养量表的结构效度达到了可接受的水平。

二、中小学生公民素养的现状分析

(一)中小学生公民素养的总体分析

通过对中小学生公民认知、公民情感、公民能力和公民行为的分析，可以发现，中小学生公民素养的总体水平如表8-2所示。

表8-2　中小学生公民素养的总体情况分析表

维度	平均值(M)	标准差
公民认知	18.39	1.54
公民情感	17.83	1.98
公民能力	17.58	2.13
公民行为	17.63	2.19
公民素养总分	71.43	6.42

采用配对样本t检验的方式，本研究考察了中小学生公民认知、公民情感、公民能力和公民行为两两之间的差异，所得结果如表8-3所示。

表8-3　中小学生公民认知、公民情感、公民能力和公民行为差异分析表

	1	2	3
1.公民认知	—		
2.公民情感	41.49**	—	
3.公民能力	53.81**	16.41**	—
4.公民行为	48.02**	12.35**	-4.66**

注：表内数据为t值。

由表8-2和表8-3可知，中小学生在公民认知、公民情感、公民能力、公民行为等四个维度上的平均值分别为18.39，17.83，17.58和17.63，且两两之间均具有显著差异。

从图8-1中可更直观地发现中小学生公民素养在各个维度上的表现。

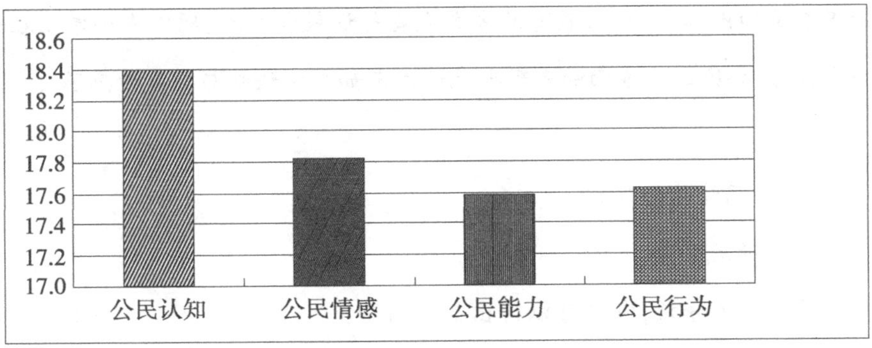

图8-1　中小学生公民素养四维度柱状图

从表8-2和图8-1中可以看出，中小学生在公民素养四个维度上的得分由高到低依次为：公民认知＞公民情感＞公民行为＞公民能力。这说明，中小学生虽然具有较好的公民认知和公民情感，但其实际能力和行为却落后于其认知、情感。众所周知，学校是有目的、有计划、有组织、有意识地向学生传授社会规范、价值标准和知识技能的教育组织。它也是系统地影响、培养个体公民素养的主要场所。苏联著名教育家苏霍姆林斯基曾说，学校是“为了培养全面发展的人而建立起来并不断完善起来的教育机构，它的使命是培养一代又一代的新公民，把社会的、科学的、道德的、审美的财富传给他们”[1]。一直以来，我国都非常重视对学生进行思想政治、道德品质等有关公民认知、公民情感方面的教育，因而，中小学生的公民认知、公民情感等方面的得分较高。但另一方面，调研数据也充分说明了我国对中小学生在公民行为和公民能力方面的教育欠缺，这与我国中小学教育的实际情况也是相符的。实际上，我国中小学生的公民教育基本上是知识本位和内容导向的。当然，这一现象并非我国所独有。有学者认为，以往的公民教育在许多国家里主要集中在传授关于政府及其所属机关的运营方式、公民的权利和义务等相关知识方面，并以培养民族的、国民的认同意识为取向。[2]由于公民教育主要是知识本位和内容导向的，教育的方式主要是说教和灌输，所以中小学生在公民行为、公民能力方面的表现也就远远不如公民认知与公民情感了。

…………

三、研究结论与建议

（一）研究结论

通过上述分析，我们可以得出如下结论：

1. 中小学生的公民认知、公民情感好于其公民能力与公民行为

调查分析发现，中小学生在公民认知、公民情感方面的得分要高于在公民能力与公民行为方面的得分。这说明，一方面，我国的中小学生可能在公民能力与公民行为方面缺乏相应的训练与教育；另一方面，在我国的中小学生中存在着一定的知行脱节的现象。

…………

（二）提升中小学生公民素养的建议

为了提升中小学生的公民素养，培养适应社会发展和需要的公民，可以从以下方面入手。

1. 完善公民素养教育的内容体系，构建多样的实施途径

从学生发展的角度而言，学生的发展既包括知识、情感的发展，还包括技能与行为的发展。以往我国对学生的公民素养教育更多的是公民知识教育与公民情感教育。由于对学生的公民能力教育和公民行为教育重视不够，所培养出来的社会个体更多地停留在“好人”层次上，而非一个“好公民”。所以，从教育内容的构成上来看，对学生的公民素养教育应包括公民知识、公民情感、公民能力以及公民行为四个方面的教育，这样才不会导致培养出来的学生出现言行不一致的情况。

同时，要将学生培养成为合格的公民，必须改变原先对于学生单纯灌输、注重“说教”的方式，构建多样的公民素养教育的实施途径。在我

国中小学生的公民素养教育中，大体可采取以下三种实施模式：一是公民传承性模式。该种模式主要是以政治、历史、地理、思想品德等教科书为载体，通过课堂教学，采取讲授、记忆、问答等方法来传递学生作为社会的一名合格公民所应掌握的知识、价值观和信念等，该种模式主要侧重于公民认知与公民情感的培养。二是批判反省模式。思维是学校教学的基础，对于学生的公民素养教育应能唤起学生“思维”，使他们成为具有明确的权责意识、强烈的社会责任感以及解决问题能力的公民。要在各种教育活动中，通过反省探究，使学生在提出、分析和解决问题的过程中培育其社会行动的能力，掌握公民决策的技能。三是社会行动模式。要培养负责任的积极参与型的社会公民，还必须鼓励学生积极参与校内外的各种活动，将知识学习与学生的生活实际联系起来，并在参与社会生活的过程中固化其知识、强化其情感、提高其能力、塑造其良好的行为。

…………

[1]苏霍姆林斯基.关于全面发展教育的问题[M].王家驹，等译.长沙：湖南教育出版社，1984：163.

[2]COGAN J J, DERRICOTT R. Citizenship for the 21st century: an international perspective on education[M]. London: Kogan Page, 1998: 26.

第三节 调查型论文的写作方法与技巧

调查型论文如其名所言,要先进行调查,而后再进行论文写作。调查是前提,写作是结果;调查是广泛搜集材料,研究是对材料进行深入分析,写作则是输出成品。与其他类型的论文相比,调查是调查型论文的独特之处,因此,其写作也有独特的方法与技巧。具体写作方法与技巧可参考以下内容。

一、弄清楚写作的目的

如前所述,调查型论文具有针对性,因此必须注意它的目的性。在开始调查型论文写作之前,首先必须弄清楚撰写这篇论文是为了什么。从调查的本质目的而言,是为了解调查对象的现状而展开的调查研究,还是为了解调查对象随时间变化的规律而展开的调查研究,又或是为了解两种事物之间的相关关系而展开的调查研究,抑或是为探寻原因而展开的调查研究。不同的目的决定了调查研究采用的方法、呈现的形式以及语言的风格。从调查的外在目的而言,是作为调查者本人教学思想发展、教学方法发展等的真实记录及经验分享,还是作为所申报课题的研究成果之一,又或是要发表在学术期刊上。虽然它们在总体上有一致性,但在具体写作时仍有所差异。如就语言方面而言,第一种类型要通俗易懂,第二种类型要求在通俗易懂的基础上有一定学理性,第三种类型则要求有较高的学理性。如果对这些目的没搞清楚,就糊里糊涂地开始写作,是不能写出一篇好的、合乎时宜的调查型论文的。

二、详尽地占有相关材料

没有扎实的调查研究,调查型论文就不能得出科学、正确的结论。因此,在写作前,要详尽地占有相关材料。调查型论文占有材料的方式主要有以下两种。一是搜集、查阅已有的文献资料、政策文件等,间接地了解和掌握材料。无论是在开始调查之前,还是在着手写作之前,作者都应大量翻阅相关资料,了解已有研究的基本情况。唯有如此,才有可能在熟悉相关研究的基础之上,开展科学、合理的调查工作,形成真实、严谨的调查论文。二是深入到问题中、调查对象中、所获数据及资料中,了解事情的全过程,直接掌握一手材料。毋庸置疑,写好调查型论文的关键前提在于调查,这就要求作者务必深入实践展开调研,综合采用多种方法搜集一手材料。就具体过程而言,不仅应全面熟悉调查对象,还应细致搜集调查资料,更应积极对搜集到的资料进行甄别和整理。随后,在进行写作时将观点和材料有机结合起来,方能丰富感性认识,丰富对事物的理解和呈现。总而言之,作者在写调查型论文时要详尽地占有一手材料和经验材料。

三、精心选择和运用材料

调查型论文的写作需要大量的材料支撑，而详尽地占有材料只是第一步，更重要的是对占有的材料进行取舍，恰当地运用到论文中去证明观点。精心选择和运用材料，是调查型论文写作中的关键环节，它直接影响论文的质量。为此，须做好以下几点。一是依据论文主题选取材料。此为关键的一环，要求把和论文主题相关且可以力证、凸显核心思想的材料进行保留。在选择材料时，既不能将个人喜好当作准绳而选取无效的材料，也不能觉得材料愈多愈好，丝毫不加以甄别。二是选取具有代表性的材料。也就是说，应该选取可以最大程度展现事物样貌与特征的典型材料，这样才能鲜明地论证基本观点、清楚地阐述问题。所选取的材料不在于多，而在于精，如此方可发挥“以一当十”的功能。三是选取真实的材料。简单地说，就是要求材料可靠无误。这既是选材的要求，更是写论文的良好习惯和严谨作风。此处所言的真实既指向现象与本质，又指向局部与整体，是一种全方位的真实。四是用恰当的语言和形式将所选材料展现出来。可选择通过列表、作图、展示被调查者的原始回答等手段，更清晰、更科学地论证观点。

四、合理编排论文的结构

如果将论文比拟为人，结构就是人的骨骼。人的骨骼支撑着血肉，论文的结构影响着排篇布局和语言表达。可见，结构的重要性不言而喻。如果论文的结构不太合理，就应不断进行修改，修改方式主要有“增、删、调、修”四种，在上一节中有具体说明。调查型论文的基本结构应遵循“提出—分析—解决”问题的逻辑，具有较强的条理性和层次性。一般来说，调查型论文的完整结构主要包括绪论、主体、结论和建议四大部分，这几部分结构要齐全、协调一致。绪论应该交代清楚调查的问题是什么，为什么调查这个问题，已有研究的现状，核心概念的界定等。主体部分主要是对调查过程进行阐述和对通过调查所获得的材料进行分析。结论部分则是通过前面分析得出的结论，一般用简洁明了的语言表述，但是要对结论开展原因分析，即因何会产生这样的结果。建议部分则要根据结论得出，提出的建议要切实可行、接地气。此外，应注意各个部分的主次、详略是否合理，可通过认真琢磨各级标题来展现论文的思路和层次。

五、运用小技巧撰写论文

写好、完善调查型论文，还可以尝试以下三种技巧。一是提前列写作提纲。好的提纲是写好论文的基础，这关系到论文的谋篇布局。通常而言，调查型论文的写作应该在调查结束后着手。一般而言，须尽早完成前期准备工作，论文内容的设计应与研究计划的制订同时进行，先拟好提纲，并随着调查研究的进展而灵活修改，可以少走弯路。二是定量分析与定性分析相结合。在调查型论文的写作中，基本是依据统计数据进行的定量分析，较少有凭借经验和相关信息资料等进行的定性分析。但事实上，两者是相辅相成的，灵活运用两种分析方法能起到事半功倍的效果。尤其是对调查结论进行讨论和原因分析时，通常要借助定性分析。三是综合使用多种表达方式。调查型论文的主要表达方式是叙述，但亦少不了一些议论和说明。这就意味着，调查型论文不仅应有精确的阐述与介绍，而且应有锦上添花的议论与说明，还应积极利用图、表等来清晰呈现事实，此外也可在写作中合理添加文学色彩以使论文更加丰富饱满，使读者读起来津津有味、易于理解。

第九章 课题型论文的写作

●〇课题型论文是课题项目的成果性材料文件，是对课题研究所取得的新进展以及科学性成果的科学记录，同时也是课题结题评审的重要证明材料之一。课题型论文的写作，不仅是课题的研究环节之一，同时也是研究者对自身研究课题的梳理与总结，有利于课题研究成果的推广与交流。就此而言，课题型论文旨在呈现课题研究成果与结论，围绕课题研究的全过程展开，要求其理论上的创新性或实践上的可操作性与推广性，是教育理论研究和教育实践的关键性依据之一。

第一节 课题型论文的特点与分类

一、课题型论文的特点

课题，是指具有研究价值和实践意义的问题，有明确的研究范围、研究目的和研究计划，需要经过系统科学的研究以获得具有普适性和有效性的研究结果，来解决现实世界中的某个重要问题或重大事项。教育科研课题研究是指对教育教学领域中某一需要研究或回答的具有普遍意义的特定问题进行专门研究，以解释教育现象的因果关系，探讨教育活动中的客观规律，解决教育实践中遇到的现实问题，归纳总结相关的教育理论知识。[①]教育科研课题型论文是学术论文的一种，是教育课题的成果性材料文件，即教育课题成果的表现形式之一。

由于教育科研课题本身的特殊性，教育科研课题型论文具有以下特点。

① 李彦福.学会做课题：中小学教育科研课题研究与论文写作指导[M].南宁：广西人民出版社，2007：3.

(一)目的具有针对性

教育科研课题型论文既然是课题的成果，那么其研究目的必然具有很强的针对性，即总结在课题研究过程中针对教育问题解决时的某一理论发现或者实践验证结论，也就是说，课题型论文必须是针对某一项课题的研究成果。如国家社科基金教育学一般课题“中小学公民素养的现状调查与对策研究”所研究的主题就是“中小学公民素养的培养”，其课题论文有《英国公民教育演变的经验与启示》《公民素养测量结构的探究及验证》《中小学公民素养课程内容体系的建构》《小学生公民素养的调查研究》等，都是有助于中小学公民素养培养问题解决的理论认识或实践指导方法。

(二)研究具有可操作性

教育科研课题以教育问题为中心，重在如何解决问题的操作过程，其课题论文则是呈现这一操作过程的材料文件，因此课题型论文中的研究设计、研究方法以及研究过程都要具有可行性、可操作性，让读者能够有章可循、有法可依。如在《公民素养测量结构的探究及验证》一文中，作者详细阐述了中小学公民素养测量量表初编、预测和形成正式量表的三个阶段，完整地呈现出了一个量表的制订与评测过程，不仅展示了其课题的研究成果，同时也为读者提供了制订量表的操作方法。①

(三)结论具有推广性

教育科研课题的目的就在于解决实际的教育问题，因此作为成果材料的课题型论文，其研究结论便是提供解决该教育问题的路径、措施、策略等具有变革性、创新性的方法和手段，同时要具有一定的普适性，能够

① 张家军，许娇.公民素养测量结构的探究及验证[J].教育理论与实践，2016，36(28)：21-24.

适用于大多数情况下该教育问题的解决，能够进行大面积的推广，才能证明其研究成果的实践意义。如《公民素养测量结构的探究及验证》一文中所制定的公民素养测量量表就利用项目分析、信度分析等验证方法进行了内部一致性信度、分半信度和结构效度分析，证明该量表可以作为测评中小学生公民素养的工具使用。[①]这一结论不仅解决了课题研究过程中缺少测量工具的问题，同时也为读者提供了现成的、可行的、适用的公民素养测量量表。

二、课题型论文的分类

(一)教育科研课题的分类

国内教育科研课题有两种类型：立项课题和非立项课题。立项课题是指集体(课题组)或个人向上级有关科研管理机构申报，经过该管理机构组织专家组评审合格后，颁布专门的课题立项批准文件，准予立项研究的课题。“立项课题必须具备四个要素：提出申请、专家评审、批准立项、接受管理。”[②]非立项课题是指研究者根据自己的实际情况和研究需要所拟定的课题，这类课题不需要申报评审，也不需要经过批准立项。但“十五”规划之后，通常不接受个人申报的课题，中小学校研究的课题也要求立项申报。

(二)教育科研课题型论文的分类

教育科研课题型论文的类别主要根据教育科研课题，从研究领域、研究范围、研究层次、研究方法上进行划分。

---

① 张家军，许娇.公民素养测量结构的探究及验证[J].教育理论与实践，2016，36(28)：21-24.

② 徐世贵，李淑红.做个研究型教师：微课题研究实施指南[M].上海：华东师范大学出版社，2019:31.

1. 按不同的研究领域分为基础理论研究和应用性研究

基础理论研究回答的是"是什么"的问题,为教育理论服务,通过"揭示教育现象的本质,阐明教育活动的客观规律,从而概括教育的基本原理"[①],以此发展新的教育理论体系或完善已有的教育理论体系。因此基础理论研究具有高度的抽象性和概括性,其目的在于为具体问题的解决提供理论支撑,具有一定的普适性,能够为现有的教育理论体系添砖加瓦。如《社群主义的公民观及其教育》[②]和《多元文化主义的公民观及其教育》[③]这两篇课题型论文都是在构建公民教育的理论基础,探讨社群主义和多元文化主义的公民观之于公民教育的基本主张与诉求,这是为后面中小学公民素养的培养策略研究奠基。

应用性研究回答的是"怎么做"的问题,也就是为教育实践服务,即通过科学的实证研究解决某一具体的教育问题,同时也有利于教育理论与教育实际的联系与应用。中小学教育科研课题型论文绝大多数都是应用性研究,聚焦于课堂教学研究、班级管理研究、德育工作研究等等,如《初中学生"生理—心理—行为"发展特点及教育对策》[④]《小学作文教学有效路径探析——基于叶圣陶语文教育思想的实践研究》[⑤]《体育学科核心素养的理性认识与实践路径》[⑥]等。

2. 按研究范围分为宏观研究、中观研究和微观研究

宏观研究是对教育系统中某一特定范围内的整体研究,特点在于选

---

① 张万兴.学校管理完全手册3[M].北京:中央民族大学出版社,2002:596.

② 张家军,周会莉.社群主义的公民观及其教育[J].重庆工商大学学报(社会科学版),2018,35(1):19-26.

③ 张家军,唐敏.多元文化主义的公民观及其教育[J].教育理论与实践,2017,37(22):42-47.

④ 靳俊友,王明平.初中学生"生理—心理—行为"发展特点及教育对策[J].中国教育学刊,2019(S1):12-13,30.

⑤ 陆彩萍.小学作文教学有效路径探析——基于叶圣陶语文教育思想的实践研究[J].中国教育学刊,2019(7):97-100.

⑥ 袁鸿祥.体育学科核心素养的理性认识与实践路径[J].课程·教材·教法,2019,39(3):113-119.

题大、范围广、对象多,通常由教育行政部门承担研究。宏观研究通常从社会结构的大系统出发对教育事业的发展展开研究,包括两个方面:一是教育与政治、经济和社会的关系研究,如分析教育事业发展与政治、经济和社会背景之间关系与相互之间影响的研究;二是教育制度层面的研究,如“教育方针、教育结构、教育政策、教育投资”[①]等的研究。

微观研究是对教育教学过程的具体问题或特定对象进行的具体研究,是与宏观研究相对的一种研究,通常关注的是一个具体的教育实际问题,特点在于选题小而精、范围小、对象单一。如对某种教法、学法的研究,对师生的研究(如新型师生关系的建立),对某学科内容的研究(如语文学科的核心素养发展)等。中小学教育科研课题型论文大多数属于微观研究,解决的是与一线教师紧密相关的教学法、教学内容、师生关系等问题。

中观研究是“在一定范围内、一定领域或一个群体内的综合研究”[②],如乡村教育振兴研究、职业教育研究等,其研究范围和研究对象介于宏观研究和微观研究之间。

3.按研究层次分为阐释性研究、综述性研究和创造性研究

阐释性研究是一种陈述解释性研究,它是基于研究者的理解和验证将所观测到的教育现象与相对应的教育理论链接,运用该教育理论解释教育现象,并以此为依据为该教育现象所体现的教育问题提供解决策略。如《认知语境对于英语专业阅读教学的阐释性研究》一文认为认知语境对英语专业阅读教学的阐释为教师提供了符合学生认知能力与知识经验的教学策略,克服了传统英语专业阅读教学的不足,有助于提高学生的阅读理解能力和教学成效。[③]

---

① 韩新君.教育科研方法指要[M].哈尔滨:黑龙江教育出版社,2012:8.

② 魏龙渝.教育科学研究概论[M].北京:石油工业出版社,2001:9.

③ 张立友.认知语境对于英语专业阅读教学的阐释性研究[J].蚌埠学院学报,2013,2(4):83-86.

综述性研究是一种评述类研究，主要采用文献研究方法，通过对已有文献的搜集、整理和分析，发掘已有研究的不足，并为未来研究的发展方向提供新的思路与建议。如《学科核心素养视域下的中学化学实验教学研究综述》一文，通过对已有文献的分析，肯定了化学实验教学对发展学生学科核心素养的作用，同时发现现有研究在化学实验教学的评价研究、关键能力中微观研究、学习策略研究等方面的问题，并提出后续应深入研究"素养为本"的实验教学评价，实现"教、学、评"一体化等。①

创造性研究是课题型论文的主要类别，新颖性和适用性是课题研究的两大特点，同时也是创造性的两大组成要素，因此课题型论文必须具备创造性。创造性研究是课题研究者在课题研究过程中所产生出的具有新颖性、开创性的成果，可以是理论上的新发展、实践中的新应用，具有理论和实践双重价值。如著名语文特级教师窦桂梅从其开创的语文主题教学法走向语文主题教育便是一次从实践到理论的提炼与升华，同样具有新颖性与适用性。

中小学的教育科研课题研究通常在研究领域上属于应用性研究，在研究范围上是微观研究，在研究层次上属于创造性研究。

4.按研究方法分为理论研究、实验研究、行动研究、调查研究等

理论研究与综述性研究有许多相似点，都是采用文献研究法，以大量的已有研究文献为基础，对教育问题的研究进行文本上的分析，为接下来的研究厘清思路与方向，可以说理论研究是课题研究的航向标。

实验研究是教育科研课题型论文中常见的类别，实验研究是指课题研究者通过实验法验证自己的研究假设，以探索其中的教育规律。实验研究一般是对课题研究成果实效性的检验，如《提升中小学生阅读素养

---

① 黄恭福，邹海龙.学科核心素养视域下的中学化学实验教学研究综述[J].化学教学，2020(2):24-28,50.

的实证研究——基于群文阅读与单篇阅读教学的对比》一文将研究对象分为实验组、控制组，开展前后测对比的单盲实验方案，经过对实验数据的分析后验证了群文阅读对学生阅读素养的提升效用。[①]

行动研究是指教育活动的参与者对教育实践中的具体问题进行系统研究和反思性探索，以此改进教育教学实践和促进自身的专业发展。行动研究一般采用行动研究法，在一定程度上综合了观察法、实验法和访谈法，主要针对那些难以彻底量化的研究问题进行跟踪性的研究，如《"班干轮换-结对"对小学生自信心的影响——一个行动研究的检验》将行动研究分为三个阶段，每个阶段都根据观察和访谈结果不断调整行动方案，并进行自信量表测量，最终得出了"班干轮换-结对"对小学中年级学生自信心的培养有显著的促进作用的结论，最后根据这一行动研究过程中的不断反思，发现"班干轮换-结对"中存在的问题，并提出相应的解决策略。[②]

调查研究是指课题研究者采用问卷调查法、访谈法、个案法或教育经验总结法，以口头或书面的形式，有目的、有计划地，间接或直接地搜集研究对象某一情况的各种材料，并对材料进行整理、分析与整合，以此得出结论。如《小学生公民素养的调查研究》通过问卷抽查了我国东、中、西部不同地区九个省市的城乡小学，并根据调查情况中存在的问题提出了相应的对策与建议。[③]

---

① 李毅，谭婷，张睿．提升中小学生阅读素养的实证研究——基于群文阅读与单篇阅读教学的对比[J]．教育研究与实验，2019(4)：31-37.

② 杨振芳，陈菁，冯玉华．"班干轮换-结对"对小学生自信心的影响——一个行动研究的检验[J]．教学与管理，2019(3)：28-31.

③ 张家军．小学生公民素养的调查研究[J]．华东师范大学学报(教育科学版)，2017，35(6)：42-49，154.

第二节 课题型论文写作的步骤与过程

一、课题型论文写作的步骤

课题型论文是课题研究工作成果的材料性文件,属于论文的一种类别。课题型论文的写作步骤大致上与一般论文的写作步骤一致,也同样分五步走:确立题目、处理材料、拟定提纲、撰写初稿、修改定稿。

(一)确立题目

与其他一般论文不同,课题型论文的题目必须围绕课题研究的内容,其研究目的必须是为课题研究工作的开展服务,题目要简洁、明了,切忌烦琐,在此基础上再去考虑如何让题目引人注意的问题。

(二)处理材料

除了已有研究文献,还有课题研究过程中所搜集的关于教育现象或研究对象的实验数据、调查问卷等材料,整理并进行相应的数据分析和资料分析,作为课题型论文的论据。

（三）拟定提纲

论文提纲的拟定是论文写作的关键步骤，有了龙头才能定龙尾，只有把握了大致的框架，才能保证论文的完整、连贯、有逻辑，也能清楚整个写作过程的方向不至于跑偏。同时列提纲也是思维整理的过程，是对所掌握的文献和数据材料等信息的整合过程。列提纲可以列详细到每一小点的提纲，也可以先列出只有各个大点的提纲。

（四）撰写初稿

有了框架，初稿的撰写就比较简单了，就是给我们的框架填补血肉的过程。不过在填补框架的过程当中，我们可能也会产生新的思路与想法，可以根据实际情况，重新修订框架再撰写初稿。

（五）修改定稿

修改定稿主要修改内容与格式两个方面。从内容上来看，定稿前要检查自己的题目是否简明、贴切且有吸引力，论点是否清晰明了，上下位论点是否合拍，论据是否充分有力，论文结构是否完整严谨，用词是否准确无歧义；从格式上说，主要是根据目标期刊的文章格式与要求，在排版、字体、参考文献格式等方面进行调整，同时检查文中的错别字。如果作者觉得无法趁热打铁对初稿内容进行修改，可以暂时先将其搁置一段时间，再修改的时候可能就会产生不一样的灵感。

二、课题型论文的基本结构

（一）标题

标题一般要表明文章的立意与目的。

（二）署名

除了作者和单位之外，还必须注明该课题型论文所属的课题类别、课题名称以及课题批准号，一般以脚注的形式标注于页面底端。

（三）中文摘要

对论文主要内容的高度概括，简要概括研究目的、研究方法与过程、研究结论。字数在200字左右。在摘要中慎重使用“我”“本研究”“本文”等第一人称表述。

（四）英文摘要

中文摘要的英语版本。是否需要英文摘要主要看所发刊物，有些刊物不要求英文摘要。一般附在参考文献之后。

（五）关键词、分类号、文献标识码、文章编号

关键词由作者填写，一般为3～4个，其余由刊物编辑填写。

（六）前言

放在正文之前，一般阐述选题的背景与意义等内容。

（七）正文

论文的主体部分，主要包括研究的理论依据或理论基础、研究设计、研究实施过程、研究数据分析、研究结论。

（八）结语

一般是对研究的建议或不足与展望等。

(九)参考文献或注释

说明本文主要参考的文献和文中引用的文献的出处。参考文献的写作格式参考国家标准化管理委员会2015年颁布的《信息与文献参考文献著录规则》(GB/T 7714-2015)。

第三节 课题型论文的写作方法与技巧

在明确了课题型论文的写作过程与论文的基本结构之后，就要开始撰写论文。下面来谈谈课题型论文的一些写作方法与技巧。

一、选择课题

（一）课题的来源

中小学课题型论文多属于微观研究，旨在解决中小学校内的教育管理问题或中小学教育教学实践问题，因此课题来源主要是中小学教师自身的教学实践与教育管理。课题的选择必须满足两点。第一，要立足现实，必须是为了解决教育现实中的问题，因此要具有问题意识，善于发现并总结自己教育教学活动过程中有意义的研究问题。第二，要具有一定的理论研究素养。许多中小学教师存在着这样的一个误区，认为自己只要搞好实践，学术与理论研究是大学教师与教育界专家学者的任务，其实不然。中小学教师的教育实践是专题学术论文选题的最主要来源，是学者研究教育教学的重要依据，[①]因此中小学教师要懂得从自己的课题

① 薛根生.小学教师科研论文导写[M].长沙:湖南师范大学出版社,2000:306.

中提炼出一定的理论意义和学术价值，使自己的课题研究富有理论与实践的双重意义。除了在自己的教学实践中寻找课题，也可以从理论的角度出发，选择那些处于学科发展前沿的、已经具有一定的理论基础，且自己又具备实践的条件与能力的课题进行研究。比如某种新兴的教学法的实效性研究，这类研究在一方面提供了实践依据，同时另一方面也能弥补其理论上的不足，是课题选取的热点之一。

下表是一些中小学课题研究的参考选题。

表9–1　中小学课题研究选题参考

1	中学语文教学关键问题的实践研究
2	基于证据的小学数学实验模式建构的实践研究
3	中小学英语课堂多模态话语有效性建构研究
4	以“课程”为驱动：中小学智慧校园建设认知框架、基本原则与关键路径探析
5	如何让学生在学校感到幸福——校长教学领导力作用机制探索
6	现阶段小学班级管理中激励机制的运用

（二）确定题目

课题型论文的题目一般来说是大课题下有价值的小题目，选择口子较小的题目比较便于驾驭和深挖。题目一般较为平实鲜明，不需要文学性以及散文式的美感，切忌笼统空泛，要能够鲜明地表达出文章的立意与目的。

例如，2013年度国家社会科学基金教育学一般课题（BHA130044）“中小学生公民素养的现状调查与对策研究”下的成果论文题目（表9–2选题均源于中国知网）。

表9-2 课题型题目参考

1	社群主义的公民观及其教育
2	小学生公民素养的调查研究
3	多元文化主义的公民观及其教育
4	中小学公民素养课程内容体系的建构
5	英国中学公民教育课程探析——以伯里英国教会中学为例
6	多元文化视域下公民教育研究现状及发展趋势——基于文献计量学的分析
7	公民素养测量结构的探究及验证
8	英国公民教育演变的经验与启示

二、资料的搜集与整理

(一)资料的搜集

“磨刀不误砍柴工。”资料的搜集是论文撰写必不可少的准备工作。在课题型论文里,资料分为两种,一种是文献资料,另一种是课题研究中所获得的关于研究对象的一切资料,例如问卷调查、访谈、观察、实验等结果与数据。这两种资料都能够充实文章论点,并为论点提供实证论据,因此做好充分的资料搜集必不可少。

第一种文献资料按照来源主要分为纸质版文献和电子版文献。纸质版文献的获取一般通过图书馆或资料室检索、借阅,或者购买相关图书、订阅相关期刊杂志等。电子版文献的获取一般通过中国知网、万方、维普、超星、读秀等平台进行检索、下载。

第二种数据资料可以通过多种研究方法进行搜集,常见的如问卷调查法、实验法、观察法、访谈法、行动研究、叙事研究等,这类数据资料的搜集讲究的是真实可信,在研究的过程中就要随时随刻记录,切忌伪造、捏造以及篡改数据。

需要注意的是，这两种资料的搜集都要带有目的性，文献资料浩如烟海，数据资料繁多，一定要根据自己的写作目的，有意识地搜集资料，否则就是大海捞针，给自己添加不必要的工作量。

（二）资料的整理

资料的整理往往是被大家所忽略的一点，很多研究者经常兴致勃勃地搜集了一大堆文献资料和数据，等搜集完要开始浏览的时候，却望着一堆杂乱无章的文献和数据傻眼，不知道从何看起。或者是浏览过的文献资料不知道如何整理，特别是经常找不到之前看过的并对于自己论文有用的文献。因此资料的整理不仅能够节约自己的时间和减少工作量，而且在一定程度上也是自己思路的整理过程。接下来就介绍资料整理的方法。

（1）在搜集资料的时候就要根据自己的目的以及资料的特质或内容进行分门别类存放，每种门类新建相应的文件夹，并根据自己所需对文献进行重新命名，以方便日后查找、浏览；数据资料的整理要做到在研究过程中随时记录，可以根据情况用录音笔、录像设备辅助记录，事后再根据音视频资料进行细致的整理。

（2）我们可以善用一些好用的应用软件进行文献的整理与管理，除了常见的OneNote（电子笔记）和EndNote（搜索、管理并导入文献）之外，还有集合了这两款软件优点的Citavi，这是一款“文献管理与知识组织”软件，涵盖了从文献查找到完成论文的整个过程，不仅具备文献搜集、文献结构化管理、导入及导出文献等常见的文献整理功能，还包括做笔记（图片笔记）、文献浏览、规划日程、团队在线交流、共享等功能，不失为论文写作的一个好帮手。当然除了Citavi之外，还有许多文献管理软件也各有特色，根据自己的使用情况，选择一款软件辅助，能够大大提高自己的工作效率。

三、行文的技巧

(一)论文结构

只要定好文章的结构论文就成功了一半,常见的课题型论文结构是递进式结构。

递进式结构的主要特征在于文献的各个层次层层递进,具有一定的逻辑顺序,无法随意调换、颠倒顺序。可以由表及里,可以由浅及深,可以由因到果,只要具有逻辑性和顺序性,环环相扣,就是递进式结构。课题型论文中递进式结构的使用常见于应用研究,一般按照"提出问题—分析问题—解决问题"的思路,例如案例《农村初中生阅读动机的测量结构初探与现状分析》,先提出农村初中生阅读动机存在的问题,随后通过调查问卷对农村初中生阅读动机问题进行分析,最后提出相应的解决建议。

(二)写作方法

课题型论文的写法从整篇论文上来分可以分为循序渐进法和化整为零法两种。循序渐进法就是按照逻辑顺序来写,先写前言,再写主体部分,最后写附录部分。按照逻辑顺序来写,比较不会跑题、偏题,也更容易把握。化整为零法其实就是先把整篇论文的提纲列好,确定好论文的大标题,然后再列出各个大标题下的小标题,以小标题为单位一个一个地去写,最后再纵观全局,将各个小标题串联起来,并根据实际情况进行调整,使其更具系统性、整体性与逻辑性。循序渐进法适用于理论型研究和应用型研究,化整为零比较适用于理论型研究。

最后,用一篇被列为全国规划办优秀成果课题的成果论文作为案例进行分析,以供参考。出于篇幅限制,文中的图表将被省去。

表9-3 优秀成果论文论案例①

案例内容	案例解说
农村初中生阅读动机的测量结构初探与现状分析 马群仁 (江苏省盐城市教科院,江苏盐城,224000)	题目正下方为作者署名及单位。题目明确简要,概括文意,表明文章的研究内容和目的。
摘要:以传统阅读动机结构为理论参考,探索农村初中生阅读动机的测量结构,确定了农村初中生阅读动机的自我效能、内部动机、外部动机和社会性动机的四因素结构,通过对问卷的信效度检验,验证了农村初中生阅读动机测量结构的假设。对农村初中生阅读动机的调查结果发现:农村初中生的阅读动机处于中等偏上水平,仍有一定的提升空间,但须弱化农村初中生阅读的外部动机;不同类别、不同家庭环境及不同阅读习惯的农村初中生,其阅读动机有一定的差异。根据调查结果,研究认为:须有所侧重,关注农村初中生阅读的内部动机;重点关注、提高初二学生的阅读动机水平;积极引导,发挥家长提高学生阅读动机水平的积极作用;及早培养,使农村初中生养成主动阅读的习惯。 关键词:农村初中生 阅读动机 测量结构 信效度检验	摘要与关键词是一篇论文必备的要素,中图分类号与文献标识码、文章编号根据期刊要求不同有不同的要求,该期刊无标注要求。
阅读动机是源于个体对阅读活动的信念、态度和阅读目标的综合内驱力[1]。阅读动机在学生整个阅读过程中发挥着重要的支撑作用,影响个体的阅读行为、阅读时间、阅读效率,在阅读过程中,也起着对阅读认知的心理调节作用。虽然阅读动机的重要性被大家所认可,但阅读动机研究的现有文献中,国内的研究较为缺乏,特别是对阅读动机测量结构的探索方面,仍有较大的研究空间。本文之所以研究农村初中生阅读动机问题,除了想尝试探究阅读动机的测量结构外,也想了解农村初中生阅读动机的实际情况。基于上述考虑,本文以现有的阅读动机测量结构为基础,借助开放式问卷调查结果,探索农村初中生阅读动机的测量结构,并以此为基础,调查农村初中生阅读动机的现状与差异,以期了解农村初中生阅读动机的水平、特点和需要提升的方面,为制定有针对性地提升农村初中生阅读动机水平的方案提供依据。	正文结构按照递进式结构展开,前言部分交代了研究的缘起和意义、研究内容以及研究方法。 介绍研究对象的具体情况和问卷情况。

① 马群仁.农村初中生阅读动机的测量结构初探与现状分析[J].教学与管理,2018(9):35-38.

续表

案例内容	案例解说
本研究的被试为农村初中生，共进行了三次调查。第一、二次调查为收集编制问卷所需的题项和对初步编制的问卷进行检测，第三次调查为正式调查，旨在分析农村初中生阅读动机的总体情况和差异情况，采用随机抽样的方式，抽取江苏省8所农村学校的初中生，共发放问卷1436份，回收有效问卷1296份，其中，男生718人，女生578人，初一506人，初二414人，初三376人。 一、农村初中生阅读动机的测量结构 …… 经过两次调查和项目分析、探索性因素分析，初步确定了农村初中生阅读动机的基本结构，根据阅读动机相关文献和问卷编制时各题项的内容，将各因素命名：社会性动机（因素1，共含10个题项），内部动机（因素2，共含7个题项），自我效能（因素3，共含5个题项），外部动机（因素4，共含4个题项）。 以探索性因素分析的结果为基础，构建农村初中生阅读动机的模型，检验模型建构效度的适切性与真实性。该模型是一个一阶4因素，二阶1因素的模型，一阶的4个因素分别为自我效能、内部动机、外部动机、社会性动机，二阶1因素为农村初中生阅读动机。 采用AMOS6.0检验模型的拟合程度，结果显示，一阶4个因素的负荷量介于0.50至0.95之间，均大于0.5，表示模型的基本适配度良好，因素负荷量值越大，表示指标变量能被构念解释的变异越大，指标变量能有效反映其要测得的构念特质[2]。同时，模型的RMSEA值为0.053，NFI值为0.908，RFI值为0.932，IFI值为0.964，TLI值为0.913，GFI值为0.938，卡方自由度比为1.121，模型的各项指标良好，表明农村初中生阅读动机问卷符合测量的要求，接受初始的模型。	按照所得问卷结果对数据进行量化分析。

续表

案例内容	案例解说
使用第三次正式调查的1296份数据对问卷的信度和效度进行检验，信度检验采用克隆巴赫α(Cronbach's α)系数，即内部一致性检验。经过计算，农村初中生阅读动机总问卷及4个因素的内部一致性α系数分别为：0.958、0.935、0.902、0.883、0.815，表明该问卷的内部一致性佳，信度良好。效度检验采用相关性分析，通过比较问卷总分与各因素、各因素之间的相关性，若问卷总分与各因素的相关性大于各因素之间的相关性，则表明问卷具有较好的构念效度。表3结果显示，问卷总分和各因素的相关性在0.883和0.903之间，各因素之间的相关性在0.597和0.678之间，表明问卷有良好的构念效度。 二、农村初中生阅读动机的现状分析 …………	
表1显示，农村初中生阅读动机问卷平均为3.781，在最高分为5分的评分标准下，表明农村初中生的阅读动机处于中等偏上水平；具体到各个方面，外部动机和内部动机两个维度的得分相对较高，分别为4.103和4.002；社会性动机得分相对较低，为3.116，处于中等水平。 ………… 从农村初中生阅读动机各构成的调查结果来看，虽然农村初中生阅读的内部动机和外部动机处于中上水平，仍有一定的提升空间，但从内部动机和外部动机得分的比较来看，农村初中生阅读的内部动机和外部动机都相对较强，也就是说，农村初中生的阅读行为主要来自于内部和外部力量的共同推动。这种情形的阅读动机，既有来自于学生的阅读兴趣和求知欲的内驱力，也有来自于考试、分数等外部力量的推动，可以在内部动机的影响下维持较好阅读行为的基础上，在外部动机的刺激下增强学生阅读的驱动力，比单一的内部动机或外部动机对学生阅读行为的影响更具持久性。	根据数据分析结果推断农村初中生阅读动机的现状，从中找出存在的问题。

续表

案例内容	案例解说
2.农村初中生阅读动机的差异情况 (1)不同类别(人口统计学变量)农村初中生阅读动机的差异 比较不同性别、年级以及是否学生干部的农村初中生阅读动机的差异,结果如表2显示:第一,不同性别的农村初中生的阅读动机无显著性差异(t=-0.076, $p>0.05$),社会性动机、内部动机、自我效能以及外部动机也无显著性差异($p>0.05$)。第二,不同年级的农村初中生的阅读动机有显著性差异(F=61.332, $p<0.05$),事后检验表明,初三年级学生的阅读动机显著高于初一和初二年级的学生,初一年级学生的阅读动机显著高于初二年级的学生。各个维度方面,不同年级学生的社会性动机、内部动机、自我效能和外部动机有显著性差异($p<0.05$),初三学生的社会性动机、内部动机、自我效能和外部动机显著高于初一和初二年级的学生,简言之,初三学生的阅读动机最强,初二学生的阅读动机相对较弱。第三,学生干部与非学生干部的阅读动机无显著性差异(t=1.059, $p>0.05$),但是两者的内部动机存在显著性差异(t=2.312, $p<0.05$),学生干部阅读的内部动机显著高于非学生干部。 …… 如表3所示。 …… 第一,父亲学历层次不同,农村初中生的阅读动机有显著性差异(F=7.895, $p<0.05$)。阅读动机的各个维度方面,也基本上呈现出相同的情况,即父亲学历层次越高,学生的社会性动机、内部动机、自我效能和外部动机也相对较高。第二,母亲学历层次不同,农村初中生的阅读动机有显著性差异(F=4.412, $p<0.05$),事后检验表明,母亲学历为研究生的农村初中生,其阅读动机显著高于母亲学历为小学及以下和母亲学历为初中的学生。第三,留守与非留守农村初中生的阅读动机存在显著性差异(t=6.127, $p<0.05$),留守初中生的阅读动机显著低于非留守的学生,同时,留守农村初中生的社会性动机、内部动机、自我效能和外部动机也显著低于非留守的学生。	

续表

案例内容	案例解说
(3)不同阅读习惯的农村初中生阅读动机的差异 比较是否有阅读习惯、是否喜欢阅读、是否主动阅读的农村初中生阅读动机的差异，结果见表4。 第一，有阅读习惯的农村初中生的阅读动机显著高于没有阅读习惯的学生(t=9.747，p＜0.05)。第二，喜欢阅读的农村初中生的阅读动机显著高于其他学生(t=10.552，p＜0.05)。第三，主动阅读的农村初中生的阅读动机显著高于其他学生(t=11.248，p＜0.05)。具体到各个维度，有阅读习惯、喜欢阅读和主动阅读的农村初中生的社会性动机、内部动机、自我效能和外部动机都显著高于其他学生。 三、研究结论与思考 1.研究结论 (1)农村初中生阅读动机是由社会性动机、内部动机、自我效能和外部动机四个因素构成，通过对阅读动机构成的信效度检验，表明所编制的农村初中生阅读动机的问卷符合测量的要求，可以用于正式测量。	研究结论是对存在问题的成因分析，以便对症下药，提出相应的解决策略与建议。
(2)农村初中生的阅读动机处于中等偏上水平，仍有一定的提升空间，从内部动机和外部动机得分的比较来看，农村初中生阅读的内部动机和外部动机都相对较强，对其阅读行为的影响更为持久。 (3)不同类别、不同家庭环境及不同阅读习惯的农村初中生，其阅读动机有一定的差异。学生类别方面，年级和是否学生干部对学生的阅读动机有显著的影响，年级越高和越低的学生，担任班干部的学生，其阅读动机也相对较强；家庭环境方面…… 2.思考 阅读动机对学生的阅读行为、阅读能力以及阅读成效都有一定的影响，针对当前农村初中生阅读动机的现状，需关注如下几个方面的问题。	思考一般是对研究结论的反思或者提出对策与建议。

续表

案例内容	案例解说
(1)有所侧重,关注农村初中生阅读的内部动机。提升学生阅读的内部动机,意味着要增强学生对阅读本身的兴趣,激励其对知识的主动求知,然而,当前农村初中生的阅读混合了较强的外在动机,很多学生的阅读是以获得分数或应付考试为目的,外在动机虽然也具有督促学生开展阅读活动的作用,但如果阅读的外在动机被过度强化,阅读就成了获得分数、应付考试、寻求认同的手段,阅读的内部动机将会减弱,这与阅读本身的目标是相悖的。农村初中生当前的阅读动机情形需要一分为二地看,积极的方面,阅读的内部动机与外在动机都强的情况下,对于学生持续阅读、保持阅读行为具有较强的驱动力,表面上会表现出学生积极阅读的现象;消极的方面,较强外在动机引导下的阅读,会因按规定的阅读范围、指定的阅读书目而磨灭学生自身的阅读兴趣,长远来看,是对阅读动机的一种弱化。因此,农村初中生的阅读动机的提升,要处理好内部动机与外部动机的相对强度,理想的状态是阅读的内部动机强,外在动机和社会性动机相对较弱,这种情形的阅读动机的构成才真正起到持久稳定学生阅读行为的作用。 (2)重点关注,提高初二学生的阅读动机水平。学生阅读动机存在着年龄差异与其年级差异的研究结果具有一致性[3],一些研究表明,学生的阅读动机随着年级的升高呈下降趋势,本研究结果显示,初二学生的阅读动机水平明显低于初一和初三年级的学生,在初中考高中的考试压力下,初三学生较强的阅读动机有其一定的合理性和现实性。初二是学生两极分化的时期,无论是内部动机、外部动 机或是社会性动机,阅读动机水平的下降都是一种危险的信号,同时,从初二学生阅读动机的得分来看,较初一学生有明显的下降。因此,提升初二年级学生的阅读动机水平,不仅需要培养学生阅读的兴趣…… (3)积极引导,发挥家长提高学生阅读动机水平的积极作用。家长的学历层次一定程度上反映了家庭的社会经济地位、家庭的文化氛围及文化资本,家庭环境因素影响下的学生的阅读动机会产生较大的差别。家长的学历层次高,通常重视子女良好阅读习惯的培养,更能促进学生的阅读兴趣的形成,对学生的阅读动机有积极的影响。因此,在提高农村初中生阅读动机的问题上,要重视家庭环境因素的积极作用,在农村初中生现有家庭环境下,学校、教师可通过合适的途径向家长传输提高学生阅读动机水平的重要性,以及提升学生阅读内部动机的方法,家庭、学校及其他环境综合起来将会对学生的阅读动机影响更大。	

续表

案例内容	案例解说
(4)及早培养,使农村初中生养成主动阅读的习惯。一些研究表明,随着年龄的增长和年级的升高,学生学习任务的难度和复杂程度逐渐加大,阅读时间减少的同时,其阅读动机更倾向于受外部的影响[4]。因此,阅读动机,尤其是阅读的内部动机的激发应从幼儿园和小学开始,但需注意引导的方式,切忌外部动机或社会性动机的过多强化。家庭和学校是学生阅读动机培养的主要场所,特别是幼儿园和小学阶段,家长的积极引导和阅读陪伴具有重要作用,需要帮助孩子培养广泛的阅读兴趣,引导其选择适当的读物,帮助孩子养成健康科学的阅读习惯。教师可以根据不同学生所擅长的学科,引导他们尝试阅读跟该学科有关的各种读物,这样既可以让学生学有所长,又能让他们在阅读的过程中找到自信和满足,既利于学生发展自己的兴趣爱好,又能促进学生养成良好的阅读习惯[5]。	
参考文献 [1]KristinConradi, Bong Gee Jang, Michael C.Mc Kenna. Motivation terminology in reading research: A conceptual review. EducPsycholRev.2014. [2]吴明隆.问卷统计分析实务—SPSS操作与应用[M].重庆:重庆大学出版社2010. [3]欧继花,李科生,罗紫出.阅读动机的研究进展[J].图书馆,2015(12). [4]高军,邓辉.关于青少年课外阅读动机和阅读素养关系的调研分析[J].图书馆工作与研究,2013(11).	参考文献一般附在文后,一般按照引用顺序进行排列,具体根据期刊的不同要求而有所区别。
[5]葛明贵,赵媛媛.青少年阅读动机的差异分析与培养策略[J].图书馆学研究,2011(2). [作者:马群仁(1966-),男,江苏盐城人,江苏省盐城市教科院中学高级教师。]	作者简介通常置于论文首页脚注或者文末处。

第十章 评论型论文的写作

●○对教育评论型论文的探索离不开何为教育评论。教育评论旨在回应教育开展得如何，对教育现状作出判断，从已有教育现象出发探寻教育的方向。换句话说，教育评论写作就是针对教育发生的某种现象或问题进行评述，通过分析和评价教育事实、发表教育观点，表明作者的立场和主张，更有甚者能对教育的发展起到一定的引导作用。教育事实、教育观点、评述都是这一章节的核心词汇，围绕这些词汇我们将获取更多有关教育评论性论文的写作知识。

第一节 教育评论型论文的特点与分类

教育评论文章相较于一般的教育科研论文有其独特之处。就教育评论主体而言,评论人必须掌握党的教育方针、政策,熟悉教育实践和不同教育文化接受者的需求;就评论对象而言,教育评论文章是针对教育现象、教育文化的价值判断和表达。观点表达和价值判断在一定程度上是评论者的主观认识,但评论型论文却能挖掘到一般人没有意识到的深层底蕴,进而对教育现状产生一定影响,可以说是一种形式优美、有思想深度的论文。从写作内容和写作形式出发,又可以将教育评论型论文分成多个不同的种类,在教育的各个领域竞相发挥作用。

一、教育评论型论文特点

教育评论型论文与研究教育问题的教育科研类论文有所不同,它主要是对教育现象、教育文化进行评价,教育评论是教育工作的延续,是对教育工作的反思,是教育事业的重要组成部分。

(一)教育评论型论文是对教育的评论

教育评论型论文的基础是细致的观察和有逻辑的分析,分析和观察的对象一定是教育事实本身,教育事实可以是一本表达了教育理念的书籍,可以是一场主题理念引导下的交流会,可以是某个值得让人深思的教育行为,等等。在这些现象与问题的基础上,作者透过现象看本质,形成让人眼前一亮、耳目一新,有锐度、有深度、有温度的教育观点,从而推动教育文化发展。

值得一提的是,虽说教育评论离不开教育事实,但也有其不一样的取向。与教育研究关注的教育现象与问题不同的是教育评论的聚焦点更小。教育评论以教育的细节为切入点,小中见大,提出可操作性强的建议或举措,发挥其现实作用,体现其指导意义。

(二)教育评论型论文是客观的观察、主观的表达

教育评论型论文离不开述评,述的是教育现象或问题,评的则是自己的独到见解与观点,且后者才是评论型论文的核心。有锐度、有深度、有温度的独到观点是教育评论型论文具有较强的主观性的体现。

主观性——一是指人们能动地认识客观世界,二是指在认识的指导下能动地改造客观世界。教育评论的主观性见解是作者切中时弊、鞭辟入里地抓住客观教育事实的主要矛盾,对问题症结进行精准分析后形成的独到见解,这就是作者能动地认识世界的过程。但带有主观性特点的论文并不是凭空臆想而出,在主观认识的指导下能动地改造世界的过程,则体现为作者形成的独到见解能让读者茅塞顿开、豁然开朗、大受裨益,像是为读者开药方、明路子。这样的主观性既基于事实又远超出事实的意义,能够为教育带来新鲜的源泉。

(三)以评为主,“评”与“述”结合,“述”为“评”服务

教育评论型论文是评述性议论文的一种,是通过述事评理来阐明论点的议论文。针对自己观察到或读到的教育事实,选取其中的矛盾点或启发点并描述出来,发出自己的议论观点。教育评论型论文既包括了述,也少不了评。述是评的依据,评是述的归宿。述评两者结合,既不能重述轻评,也不能以述代评,更不能有述无评,述要为评打下基础,但两者并无先后顺序,可以先述后评,也可以边述边评。具体的评述方法问题,将在后面的内容单独介绍。

(四)以科学性为主,科学性与艺术性结合,艺术性为科学性服务

评论型论文作为非科研型论文,也有人称其为“议论性散文”。这一称呼揭示了出色的评论型论文能最大程度彰显作者的斐然文采,这是评论型论文艺术性的体现。但华丽的辞藻不足以支撑其成为杰出的评论型文章,优秀的评论型论文还需要立意新颖,用独特的见解吸引读者,其论述也要精辟。

教育评论型论文的评是不可或缺的重头戏,评说到底就是对教育现象的整理、归纳或演绎而形成的文章论点。教育评论型论文的论点要鲜明,杜绝已形成的共识、时过境迁的论调和假大空泛的华丽辞藻,也不是画个圈圈的文字游戏,而是表达真正有力度的论点(观点),表达清晰明确且一针见血,切中时弊、鞭辟入里、发人深省,能够触动读者的论点。教育评论型论文的科学性体现在要有鲜明的论点,要做到观点鲜明可以从以下几个方面考虑。第一,要在看、察、思的过程中,基于实践经历和已有知识沉淀提出好的问题,并要对其进行到位的分析。解决问题是关键,通俗来讲,就是论文的观点要有干货,不把问题交给读者。观点“要

重点突出、脉络清晰，不能眉毛胡子一把抓，贪多求全、逻辑混乱”[①]也就是说最好针对一件事发出一个议论，就核心问题解剖分析，在有限的篇幅内把问题分析透彻。第二，论据要有说服力，文章论点是对教育现象进行整理、归纳或演绎而形成的，在这个过程中，有力的论据就是论点的有力支撑，是避免假大空的法宝。有说服力的论据来源则是决定论文可靠可信的关键要素。有说服力的论据应该来自平日的素材积累。论据可以通过阅读书籍并摘抄积累，有经典性和权威性著作的引用让文章更具说服力，也显得文采斐然。论据还可以是平日里所见所闻的教育故事的积累。如今很多一线教师重视教育故事的积累，将其用文字记录下来，这些素材是血肉之躯，它们将使论文更加平易近人、打动读者。第三，要有符合逻辑的论证方法。议论文离不开论点和论据，更少不了至关重要的论证方法。论证是议论文的三要素之一，因此符合逻辑的论证方法也是属于评论型论文的重要特点之一。

二、教育评论型论文按写作内容分类

木有本、水有源。围绕教育展开的所有教育活动、人物行为始终是教育评论型论文的“地下根”。教育评论型论文是扎根教育的方方面面而结出的硕果。教育理论、技术、观念、现象、事件、人物，无一不可成为滋养此类文章的肥沃土壤。只等写作者有一双发现的眼睛去碰撞智慧，以思想的火花为教育带来新鲜的思想血液。因此，写作内容本身成为教育评论型论文的第一个分类依据，按写作内容将教育评论型论文分为书评、课评、会评、考察心得。

---

① 冯文涛.教育评论“三要三忌”[J].应用写作，2019(4)：62.

（一）书评

书评是指对已经发表的教育类书籍进行阅读、审视、分析、介绍和评价的评论文章。换言之就是读完一本教育类书籍后，介绍本书的主要内容，对本书的观点或采用的方法等发表自己的态度和看法。教育类书评在结构上没有其他论文那样严谨，只要有题目和正文就可以了。

（二）课评

课评被大家提及得不多，但评课在一线教学中却是教师们司空见惯、烂若披掌的。所谓课评类文章即对一节或系列课堂评论成文。听课评课的教研活动对教师的成长大有裨益，教育部门和教师个人甚为重视，因此各类教研课比比皆是，此类文章也就应运而生。课评能更好地将实践智慧转换为文字资料，帮助更深刻地认识课堂背后的理念，也更好地将教育智慧进行更广泛的传播，让更多没有到现场参与的人有机会学习。

（三）会评

会评中的“会”指的是各级各类教育相关部门组织的会议，常见的形式有围绕某一主题开展的教育大会、教学展示活动、教学比武活动等。将参加这类会议的感悟形成自己独到的文字见解即为会议评论。例如《创建思维支架，优化读思课堂——记重庆市渝中区小学语文教研活动》《记基于核心素养的高中数学教学策略与方法行动研究培训》等。这类活动聚焦某一学科的某一主题，能对教师发展起到举足轻重的作用。

（四）考察心得

走进名校、感悟名校的办学理念与特色也是很重要的一种学习形式。《赴某某地区某某学校的考察之行》是常见的教育评论文，此类文章多通过对所见所感之校园文化、校园课程、办学理念进行评述，以此带来更多的思考，达到“他山之石，可以攻玉”的效果。当然也不能盲目照搬，而要借鉴他人与发挥自身优势相结合。

总而言之，来源于学习他人教育理念与行为的书评、课评、会评和考察心得在一定程度上都属于心得体会。心得体会不仅仅可以是来源于自己实践的经验，更可以是学习他人经验而产生的感想体会，随时随地，于他人理念或行为中激发自己的教育灵感，这类文章既是对理论的丰富，也是对实践的指导。

三、教育评论型论文按写作形式分类

内容与形式常相伴而行，好的内容需要好的方法呈现。因此，以写作形式将教育评论型论文分为述评类、评介类、解析类、争鸣类。

（一）述评类

述评类文章是对教育成果，如书籍、教育论文等进行评述。它既可以是对具体某一本书、某一篇教育论文等容量相对较小的作品进行评述，也可以是对相关主题的研究现状进行综述，即常见的文献综述、研究综述，在课题申报和毕业论文写作中较为常见。

（二）评介类

评介类文章是围绕教育行为、会议展示等所体现的核心思想展开介绍。评介类论文在选题上与述评类论文的宏观和概括不同，是以更加微观和具体的角度作为切入点。在写法上，“介”占主要地位，“评”则处于辅助的地位，具体到行文上，也是先介后评的居多。常见的形式有书评。

(三)解析类

教育解析类文章是指就某些重要的教育教学文件进行拓展性的分析与解读,常见的有课程标准、教材、教参等的解析。解析类论文通过拓展相关教育教学文件的背景材料,补充大量知识与信息,将原文件所论述的目标和内容形象化、具体化,以供读者在学习和研究原文的基础上进行参考。当前,随着课程改革的新一轮推进,国家推行了部编版教材,2022年推行新的义务教育课程标准。因此,新教材编排意图解读文章、义务教育课程标准解读的文章也如雨后春笋般涌现出来。

(四)争鸣类

百家争鸣的春秋战国时期带来了我国思想发展的高峰,可见争鸣对思想发展起举足轻重的作用。在教育中,也不乏这样的敢言者,他们针对教育的某个论题、观点和见解,表达同其他作者不同的意见,甚至完全相反的主张,以此在共鸣中达成共识,在争论中引发思考。比如在教育评论杂志上常有专家学者围绕一个话题展开探讨、发表观点,引发学术热潮,等等。

第二节 评论型论文写作的步骤与过程

要搞好教育评论活动，完善教育评论过程理论，我们有必要对教育评论过程进行探讨。如何才能将实践与理论碰撞的智慧融于笔尖，是这一节我们要探讨的主要问题。

一、搜集和整理评论素材

比起科研论文对教育研究过程性素材的搜集，评论型文章搜集与整理写作素材则容易很多。评论型论文是基于别人已有研究成果或教育行为而进行写作的。在搜集与整理写作素材的过程中要注意做到以下几点。第一，做好相关知识储备。例如，平日也要进行教育理论书籍的阅读，如此在观察教育现象或他人的教学行为时才能言之有物；又比如在听课前或听课后要对教学内容和教师所涉猎的教学方法进行拓展了解。知识储备越丰富，越能帮助我们触类旁通，避免陷入见山是山、无话可说的尴尬。第二，做好学习笔记或记录。好记性不如烂笔头的俗语大家耳熟能详，在搜集与整理学习内容、积累写作素材过程中，记录无疑是重中之重。欲写好评论型文章，既要对核心评论对象做好详尽记录，如一堂课实录、所评之书的读书笔记，也要做教育活动中的有心人，对让自己当下有感触的教育实践进行简单速记，按类型分类，以备不时之需。当然，随着人们记录表达方式的改变，我们除了用文字记录形成素材以外，录音、拍照、摄像都可以成为我们收集材料的方式。第三，搜集材料的过程往往是仓促的，因此对搜集记录下来的材料进行有序整理则是保证素材发挥效用的关键一步。整理素材的思路可又分为删减和拓展两个步骤。一本书有那么多观点与内容，一堂课既包含识字、写字又包含朗诵，究竟哪里是作者的核心观点，哪些地方是你能继续深挖探索的地方，这些都是要弄清楚的。因此，我们在整理基础素材后应进行有必要的删减，再围绕删减后的原材料准备更具广度与深度的拓展资料。搜集与整理素材的好坏是影响写作质量高低的重要因素。读书破万卷，下笔如有神，破万卷这个艰难的过程切勿简单化。

二、撰写成文

撰写是文章写成的重点步骤，通过叙述加评论或边叙边评等不同方法阐明自己的看法。“教育评论主体对来自各个方面的信息进行加工处理等主观强化作用之后，根据自己已确立的选题，把对所评教育文化的感性认识和理性认识进行创作加工，撰写成教育评论文章。”①撰写评论型文章要做到有提纲、逻辑清晰、论点鲜明、论据充分并反复修改。具体可归纳为以下几个成文步骤。

① 刘尧．教育评论过程论[J]．青海师专学报，1999(3)：74-75.

(一)列提纲

确定好文章主题,在充分搜集参考资料和阅读资料之后,正式撰写正文之前,必须先列好文章框架,理清文章行文逻辑,即日常所说的列提纲。撰写论文提纲是一个极为关键的环节,它首先标志着准备工作大致就绪,开始进入论文写作阶段。其次,论文提纲一定程度上决定了论文质量的高低,因为提纲本质上是在反映论文的基本观点与行文逻辑。

撰写论文提纲时应注意以下几点。第一,提纲要紧扣论文拟定的主题。散开的枝蔓一定要有主干,无论从何种角度立论,都要围绕文章的主论点。第二,各级纲要须有逻辑性、层次性。从主要论点中分化出次要论点,次要论点支撑主要论点,次要论点与主要论点之间属于包含关系,次要论点与次要论点之间属于并列或递进关系。各论点纲要之间主次分明,不枝不蔓,为写好全文打下基础。第三,提纲结构要完整齐备。论文提纲还应避免以偏概全,高质量的文章应以齐整完备的纲要结构为基础,使文章脉络分明的同时,能前后贯通呼应,作者的观点更具冲击力。

常用的标题提纲编写方法包括标题式写法和句子式写法。标题式写法更为简要,用凝练的语言概括论文各层次要点,本书的纲要目录就是这一种写法。而句子式写法则更为详细,它是以一个能完整表达观点的句子把一部分论文内容概括出来,这类提纲确定好以后在行文时就会更加省时省事。

将论文提纲修改调整好后,下一步即可结合搜集整理的资料开始撰写论文,也就是展开论证。

(二)论证

撰写论文时要运用科学的推理论证方法。教育评论型论文的观点不是作者通过科研方式得出的,而是在其搜集整理的资料基础上,归纳或演绎中提炼出来的，这些已有的内容便是论据，使之条理化、系统化的评述过程便是论证。归纳与演绎是科学推理的两种基本手段，是逻辑的盛宴。归纳是从具体到一般的过程，也就是从一些实例中总结规律的过程。打个比方说：有一群猫和一群狗，然后你总结出如何区别猫和狗。而演绎是从一般到特殊的过程，也就是从基础原理推演出具体情况。例如你现在已经有了一套关于猫和狗的事实和规则，忽然来了只小动物，你根据你的知识推理判断出这只小动物是猫还是狗。这样的归纳或演绎方法在评论型论文中尤为重要，有理有据的逻辑表达才能让文章以理服人。当然，教育评论要有高度的概括、严密的逻辑推理，但不要完全拒绝形象思维。教育评论需要文采，适当的文采，可以增强文章的耐读性。如果能够做到以理服人兼顾以情动人，教育评论型论文读起来就可以娓娓动听，听起来声声入耳，方能达到最佳的评论效果，否则文章的观点再正确，也会无人问津。逻辑清晰的推理表达，要做到有理有据、论点清晰、论据充分。

（三）修改定稿

修改是论文写作中至关重要的环节。撰写论文的过程本质上是一次再认识的过程，在输出的过程中整理了自己的观点思路。教育评论型论文的写作需要理清逻辑思维，反复修改、锤炼语言，避免词不达意的情况发生，力求精准地表达自己的观点。多一次修改，就多一次进步。修改贯穿论文撰写全过程，在构思提纲时会不断修改，在撰写初稿过程中也免不了修改调整。这里我们主要谈谈如何在初稿形成后进行修改定稿。

论文的修改遵循先整体后局部的思路。首先，总体审视论文的中心论点表达是否突出，各层次分论点、段落的结构安排是否妥当，从读者的角度思考，是否能清晰地理解论文的主要观点，反复推敲修改。其次，从局部入手，逐字逐句地读文章，在读的过程中不仅要字斟句酌，还要考虑论据材料是否合适，论证方法是否恰当，以使论文进一步趋于完善。

第三节 评论型论文的写作方法与技巧

围绕教育的评论型论文一般以教育事实为基础。教育事实来自一线教育工作，反映一线教育的现状。教育评论的"评"是对事实进行评论，讲究评到"点"上，评在"痛"处，且评论观点"有深度""有新意"，使读者阅读后有一种开窍、恍然大悟的感觉。这一小节针对几种最常见的评论型论文展开论述，探讨具体的技巧与方法。

一、书评写作方法与技巧

书评应由几部分组成，这是我们首先要厘清的问题。它一般从缘起开始，再用简练的语言概括书本的主要内容，最后在此基础上发表自己的论点。教育书评不算科研论文，结构上没有科研论文那样严谨，只要有题目和正文就可以了，正文也无严格范式要求，可根据侧重点不同而进行合理调整。

(一)书评文章基本结构

书评的正文部分可以从以下几个方面来写。第一，书评背景介绍。这部分内容主要叙述为什么会评价这本书，介绍书中内容在国内外的研究现状,或是强调书中论述内容的重要价值,总而言之是阐述引发此次书评的缘起。第二,介绍书籍的基本信息。包括题目、作者、出版时间、出版单位等。第三,就书籍的主要内容观点展开评论。书籍评论的内容范围十分广泛,可以从书籍的内容范围、理论观点、探索深度、学术价值、实践价值展开,也可以从书籍的谋篇布局、结构逻辑、语言表达入手,还可以从创新特色和存在的问题等方面入手。教育书评具有推介作用,要使别人产生阅读的兴趣与动力,就必须评出书的特点。第四,在结尾处进行推荐小结,表达好书与人共享的意思,当然结尾处也可以诚挚地对书籍的作者、读者或出版方提出建议。

(二)书评写作手法

就写作手法上来说,书评有以下几种常见评论方式。顺序评论法:按照书籍内容先后次序一部分一部分地评论。鸟瞰式评论:对全书做总结式的评论。例如:周卫勇教授《通解〈中庸〉——〈中庸通解〉的诠释理路》一文中,开篇即阐明阅读的三个感受,以此对全书进行总结式的评论。夹叙夹评法:边叙述教学理论知识边评论书籍的特点。如《北京大学教育评论》登载的文章《人如何学习——解读恩格斯托姆的〈拓展性学习研究〉》就是一篇典型的夹叙夹评书评。作者开篇简要介绍了自己对此问题关注的缘起与本书主要解决什么问题,引出书本核心概念——拓展性学习。随后作者采用了夹叙夹评的方法,一边叙述教学理论知识一边评论该书籍的思想观念与特点,对学习是怎么发生的进行了全方位的论述。先引后评法:摘引书中重要观点或语句,再加以评论。特点评论法:归纳全书的几个特点,分别评述。比较评论法:将书籍中的新观点与旧观点或同类的其他观点做比较。例如:刘铁芳教授的《学为君子:从〈论语〉看人文教育的古典意蕴》一文中,以《论语》的学以成人,学为君子论述人文教育的蕴含，同时旁征博引了苏格拉底、柏拉图、陈康的人文教育观点进行比较评论。

二、课评写作方法与技巧

当下，教研活动是每所学校必开展的重点活动之一。上课、评课在一线教学中已经常态化，参与人既包括一线教师，也包括教研员和实习教师。因此，精彩的课堂评论文章也应运而生。课堂评论文章能够促进教学经验的交流、教学观点的碰撞、教学方法的更新……在评课互动中，能够改进教学实践，使教师得到成长。

（一）观课和记录扎实细致

观课和记录是一篇好课评的基石。在写课评之前，须认真观课和记录。首先，观课前，评课者要有一定的教育理论储备。对课标、教材、该学科的基本教学方法都要有良好的认知，要掌握课程标准和课程实施的基本要求，不然无法对课堂的教学观、教学效果进行高水平、有建设性的评价。观课前还要对本堂课的教学内容提前熟悉，记下自己的思考与困惑，更能达到事半功倍的效果。其次，观课过程中要认真观察和记录，包括记录教学环节的设计。边记录边思考批注，关注环节的条理性和合理性；记录重点问题的解决过程，以此考量学生学习效果；记录教学方法和学习方法；记录教辅教学材料的使用；记录教学时间的分配；记录板书情况等。越能从细节观察、记录课堂，越能为课堂评论提供充分的素材，越能抽丝剥茧发现问题、提出问题。在观课记录时，建议使用两种色彩的记录笔，以区分不同记录对象，便于后期整理。观课后，对记录材料进行梳理，即可展开课评的撰写。

(二)全面性、系统性、综合性评价

撰写课堂评论时,应该采用全面、系统、综合性的评价,具体而言包括了以下几个方面。第一,从教学目标上进行分析,通过分析教学整体效果、文本教材、单元要素,考量本堂课的教学目标设置是否体现了编者意图,是否考虑到学生学情,学生是否达成了该教学目标。第二,从教学程序上进行分析。一堂课的教学程序,也就是常说的教学环节是课堂的筋骨,它是教学艺术性的一种体现。对课堂的评价决不能缺少对教学环节的逻辑性、层次性、衔接性的评价。评价教学程序的恰当与否也离不开对教学时间的分配展开分析,各环节时间安排是否合理,教师活动时间多还是学生活动时间多,都要重点考量。第三,从教学方法和手段进行分析。思考评价该教师针对不同教学内容、面对教学难点是否使用了恰当的教学方法,教学方法、手段的使用有没有帮助达成教学目标,有没有吸引学生兴趣、营造良好的课堂学习氛围。第四,从教师教学基本功上展开评价。教师的教学基本功体现在教师的语言(包括语言的启发性、准确度、简练度),教师的教姿教态(包括一个眼神、一个动作这些细节,它们均能体现教师的教学观、师生的关系状态),教学板书(板书设计是否条理性强,是否言简意赅,是否具有艺术性)方面,这三个方面在评课时均不能忽略。第五,再从以上维度的思考结果综合评价本堂课的教学效果如何,学生的思维是否活跃,气氛是否热烈,学生受益多不多。以上就是较为常见的一种评课方法,即从多个维度展开全面性、系统性、综合性的课评,给教学者、听课者及广大一线教师带来启发和思考。

(三)选点拓面,有侧重性评价

上述课评一般是基于课堂构成维度,包括教学目标是否达成、教学环节设计是否合理、教学语言表达是否准确、学生学习效果如何等角度,

内容多且广。除了以上方法以外，课评写作也不必眉毛胡子一把抓，而可以选择以点带面。选取听课所带来启发的点，以点带面，形成表达自己观点言论的文章，选点拓面就是此类课评文章的起点与落脚点。要针对课堂上出现的一些教学行为、形式深度剖析探索，发表针对某一教育现象或行为的论点，做到有侧重性撰写课评。例如徐杰老师的《让课堂活动真正成为提高学生语文素养的土壤——品鉴黄厚江老师课堂活动组织的艺术》一文中，就选择了“课堂活动组织”这个角度撰写课评，指明黄老师的课堂围绕“读”，安排了八个层次的课堂活动，使学生深深扎根于语言文字的土壤之中，取得了良好的教学效果。

（四）把优点说足，把问题评透，把建议说清

以上几种课评均是从听课观摩者视角出发。课评也可从授课者的视角出发，帮助授课者明确自己教学的亮点与不足，指导如何改进。如此，在撰写课评时，应做到把优点说足，把问题评透，把建议说清。具体而言，首先，把本堂课的优点毫不吝啬地告诉授课老师，帮助授课老师建立教学自信，这对其今后的职业发展至关重要，只有建立起自我效能感，才能更加热爱复杂的课堂教学。因此，评课者不妨沙里淘金，不要吝啬赞美表扬。其次，教学者要想取得进步当然也需要直面问题。课评论文应当把教学者的具体不恰当之处罗列清楚——每个问题是什么？在何处体现的？为什么会有这样的问题？课评论文应一一指出。最后，针对教学者的问题不足，课评一定要给出合理建议。建议也不可一味拔高，要贴合教学目标、贴合学生学情、贴合教师完成度、适合教师的风格，让上课教师明白具体该如何修改。切勿一味彰显自己的理论功底，给出虽然好但不适合的教学建议。

三、考察心得写作方法与技巧

考察心得一般篇幅较为短小，并不把所观随感到的所有经验立即系统化，可以把点滴体会写成短小精悍的文章，写成千字文即可。此类文章写作较灵活，所涉及题材不多，写起来亦不太费时费力。具体而言有以下三种方法技巧。

（一）记叙教育行为为主，辅以观点

以记叙为主，把主要的篇幅用来记叙教育参观考察过程，在末尾处点明自己的观点。比如：陈晓君老师的《问道长沙培智特校，破解生命多彩密码》一文，按照时间顺序，记叙了先在缤纷大剧院听学前幼儿主题统整活动课，紧接着该校校长为与会者送出精彩的专题报告，随后全体学员在该校副校长的陪同下参观了美丽的校园，最后团队代表教师和参观学校教师进行评课研讨分享的活动全过程。介绍一系列活动后在文章结尾点明体会，发表感想收获。这是一篇典型的记叙为主，观点为辅的考察类教育评论文。

（二）以议论观点为主，辅以叙事

文章以议论为主，也叙事，但很简略，只作议论的引子，主要篇幅是谈对该事的感受、感想、体会。例如：岷县四中米小刚老师的参观考察文《教育，从唤醒开始——赴会宁学习考察心得体会》对参观的过程事件只进行了简要概括，重点论述了参观后的收获感受，并针对每个分论点展开了论述。这是一篇典型的以议论观点为主，辅以叙事的考察类教育评论文章。

(三)聚焦典型事例,突出典型意义

写好考察心得体会,一个好事例更能打动人心。事例的选择要考虑本身新颖,有一定创造性,有较丰富的内涵,且有典型意义,事例本身能发人深省。在事例的基础上,抒发感想。抒发感想体会时要自然,发自肺腑,勿故意抬高,使记叙与议论风马牛不相及,给人牵强附会、虚假空洞的印象。

四、研究综述写作方法与技巧

研究综述是教育评论型论文中最具科研特点的一类,也是规范性最强的一类。一篇研究综述一般包括了题目、作者、关键词、摘要、前言、正文、结语、参考文献。其中题目、作者、关键词、摘要的写法和一般的论文是一样的,在这里只重点说明前言、正文、结语和参考文献的写法。

(一)写好前言

前言要避免冗长,一般200~300字为宜。具体内容表明本篇综述的目的、作用和意义,简要阐述研究主题的历史、现状和动态。如涉及专有名词和特定概念,也须进行定义解释。

教学方式四十年变革的回眸与展望①

张家军　杨艺伟

教学方式是指教师和学生在教学活动中,为达到教学目标,在培养学生获取科学文化知识、综合能力的过程中,所采取的一系列的教学行为(学习行为)和活动方式、方法的综合,包括教师教的方式和学生学的

① 张家军,杨艺伟.教学方式四十年变革的回眸与展望[J].教育与教学研究,2019,33(1):13-22.

方式。1978年至今,我国教育领域进行了多次综合性改革,并在一些领域取得了较大的进展和突破,为社会主义建设事业提供了强有力的人才保障。教学方式作为教育领域综合性改革的一个重要环节,也在不断地变化和发展,以适应和推进教育综合性改革。通过对1978年至今发表的基础教育阶段(含中等教育)教学方式方面的文献进行可视化分析,运用文献计量和知识图谱的方法,对教学方式的变革进行定量与定性的全面回顾,可以较为全面地展示我国教学方式变革的历史轨迹,从中剖析出我国教学方式发展的经验和存在的问题,并对未来教学方式的发展变化予以展望。

该文在前言中交代了教学方式这一概念,简要阐述了教学方式的历史、现状,并介绍了本篇论文的研究方法、目的和意义价值。

(二)写好正文

研究综述的正文部分是观点的提炼与梳理,一般分为若干层次,每个层次说明一个主题,各层次之间用一个小标题分开,这部分内容应包括历史发展、现状分析和趋向预测。正文要避免无逻辑、无论点地堆砌文献,而是要在大量阅读的基础上,对所得知识信息进行加工处理,分析评价。具体而言,研究综述正文的写法大致有纵式、横式、纵横结合三种。

1.纵式法

研究综述正文纵式写法就是按研究主题的发展顺序,对其历史、现状、发展趋势进行阐述。在这个过程中,要重点把握该领域取得的重大成果,有哪些尚待解决的问题。纵式法写作的优势在于可以使文章层次更加清晰,且能更清晰地把握研究问题在不同时期的发展特点、脉络变化。例如：靳玉乐教授论文《学业负担治理政策的检视与展望》按照时间线索对学业负担治理政策的价值取向进行以下梳理：功利导向的“数量”减负（1955—1976年）、工具导向的“质量”减负（1977—2000年）、素养导向的“综合”减负（2001年至今）。这就是典型的纵式研究综述的写法。

2. 横式法

横式法是以研究主题各个方面的发展状况为论点，按照小主题进行组织，可将属于一个主题或功能的文献归为一类整理阅读，对国内外文献、主要观点进行横向梳理比较。横式法阐述能帮助我们对主题的各个方面的发展了解得更清晰，构建起围绕这个主题的全面知识体系。例如：鲍俊威硕士论文《小学弱势群体家长参与子女学校教育的改进研究》从家长参与子女学校教育的内涵、类别、影响因素等维度展开国内外研究的述评，就是典型的横式写法。

3. 纵横结合法

纵横结合法顾名思义结合了纵式、横式两种写法。用纵式法阐述清楚课题的发展历程，用横式法补充当时国内外的研究现状，综合交错下可以更广泛地整合研究资料，全面系统地对课题进行综述。但这一方法比较考验作者，对写作的条理性要求较高。

（三）写好结语

研究综述的结尾部分要进行概括总结，是对前面的评论进行综合性评价，且在评价中反映自己的观点。另外，结语中要指出尚待解决的问题并对课题的发展趋势进行展望。

（四）参考文献

研究综述的参考文献应是作者全部认真研读过的原文，但也不是所有阅读过的文献都要列出。参考文献的选择要注意以下几点。第一，参考文献要有新颖性和代表性。除开业内公认的经典代表文献，尽量选择近五年内的文章，且优先选择被引用次数高、来源期刊影响因子高的文章。第二，研究综述要全面介绍所涉主题的研究现状，因此，文献要尽量全面。在进行前期阅读准备时，要把该领域的相关文献尽可能搜集齐全，再分类筛选，避免遗漏重要文献。第三，引用的文献一定要准确无误，并按照引用顺序依次排列在文章末尾，以便读者查阅。